赏识力

张霞 著

夸孩子我有1000句

天津出版传媒集团

天津科学技术出版社

图书在版编目（CIP）数据

赏识力：夸孩子我有 1000 句 / 张霞著 . -- 天津：

天津科学技术出版社，2024. 9（2024.10 重印）. -- ISBN 978-7-5742

-2436-0

Ⅰ . G782

中国国家版本馆 CIP 数据核字第 2024QM2681 号

赏识力：夸孩子我有 1000 句

SHANGSHILI　KUAHAIZI　WOYOU　YIQIAN　JU

责任编辑：吴文博

责任印制：兰　毅

出　　　版：天津出版传媒集团
　　　　　　天津科学技术出版社

地　　　址：天津市西康路 35 号

邮　　　编：300051

电　　　话：（022）23332377

网　　　址：www.tjkjcbs.com.cn

发　　　行：新华书店经销

印　　　刷：三河市祥达印刷包装有限公司

开本 710×1000　1/16　印张 11.5　字数 175 000

2024 年 10 月第 1 版第 3 次印刷

定价：49.80 元

心理学上有一个著名的"皮格马利翁效应",也叫"罗森塔尔效应"或"期待效应"。这个效应给人的启示是,如果我们能够给予对方真诚的赞美,就能调动对方的积极性,对方就会朝着我们所期望的方向发展。

有句话叫"好孩子是夸出来的不是骂出来的",这句话充分体现了"期待效应"的含义。这里的"夸"是表扬和鼓励的意思。如果父母能够把"夸"用在孩子的教育上,也能够得到不错的效果。

表扬并不是一句简单的"你真棒"或"真聪明",而是有针对性地去鼓励孩子,给孩子自尊和成就感。比如,夸奖孩子的优点和长处,夸奖孩子做事情的细节,夸奖孩子的努力和进步,孩子会更容易理解,知道今后该怎样去做。

孩子表现好的时候需要表扬,表现不好的时候更需要父母的鼓励。当孩子犯错、悲观、胆怯、想要逃避的时候,父母正确的鼓励,能够让孩子感受到父母的爱和信任,更加自信和勇敢地去面对困难和挑战。

每个孩子都渴望得到别人的肯定,特别是父母的肯定。无论是孩子取得好成绩、急需表扬时,还是出现问题或身处叛逆期时,父母都要给予他们更多的肯定,少用否定,避免批评、指责和打压,让孩子变得更加积极。

好习惯能让孩子受益终身。想让孩子形成自觉自律、认真仔细、持之以恒、积极乐观等等良好的学习和行为习惯，父母就需要对孩子进行夸奖，通过不断地强化，让孩子将好习惯保持下去。

孩子的成长不仅需要父母的引导，更需要内驱力。当孩子有了内在动力，他们就会对自己产生更高的要求。如果父母想要培养孩子的责任感、同理心、条理性和独立思考能力等优秀的品质和能力，不妨多使用一些"彩虹屁"，相信孩子会产生意想不到的变化。

科学合理地夸奖，是一种积极的教育策略。这需要父母去用心观察，发现孩子的优秀之处，再用合适的语言去加以肯定。好的鼓励和夸奖，在帮助孩子增强自信的同时，也有利于孩子建立良好的品格，树立正确的人生观和价值观。

本书对于正确夸奖孩子的方法进行了全方位的阐述，既具有深入浅出的分析，也提供了多种模板，供父母学习和使用。鼓励和夸奖就像教育孩子的魔法棒，挥动它，让我们一起见证奇迹在孩子身上发生。

目录 CONTENTS

Part 1 有效表扬，让孩子越来越优秀

积极发掘孩子的优点并表扬 …………………… 2

描述事实，赞美越具体才越有效 …………………… 6

肯定孩子的努力，而不是聪明 …………………… 10

及时肯定孩子的点滴进步 …………………… 14

赞美孩子要真诚，再忙也不敷衍 …………………… 18

创造机会，让孩子发现闪光的自己 …………………… 22

孩子再优秀，表扬也要有度 …………………… 26

如何在别人面前夸奖孩子 …………………… 30

夸大宝，二宝嫉妒怎么办 …………………… 34

Part 2 正确鼓励，帮孩子找回自信

用积极鼓励代替消极惩罚 …………………… 40

如何鼓励悲观的孩子 …………………… 44

启发式问题，鼓励孩子主动思考 …………………… 48

从小鼓励孩子做家务 …………………… 52

正确鼓励，锻炼孩子的胆量 …………………… 56

鼓励孩子为自己的错误负责 …………………… 60

通过鼓励培养孩子的时间意识 …………………… 65

鼓励孩子努力练习新技能 ………………………… 69

Part

3

多肯定少否定，提高孩子的成就感

孩子取得好成绩，为他开心并给予肯定 ………… 76

孩子叛逆期，多多肯定他的看法 ………………… 80

孩子耍赖，先肯定他的情绪，再解决问题 ……… 85

孩子拒绝分享，积极引导不强迫 ………………… 89

孩子犯错，用正面评价代替批评 ………………… 93

不愿去学校，爱上学的孩子是夸出来的 ………… 98

肯定式教养，培养自觉自律的孩子 …………… 102

Part

4

正向夸奖，培养孩子的好习惯

怎么夸，让孩子主动放下手机 ………………… 108

怎么夸，让孩子乖乖起床 ……………………… 112

怎么夸，让孩子见人主动打招呼 ……………… 116

当孩子要放弃时，怎么鼓励 …………………… 120

怎么夸，让孩子自觉学习 ……………………… 125

怎么夸，让孩子不再丢三落四 ………………… 129

怎么劝，让孩子接受失败 ···133

孩子对零食依赖，应该怎么纠正 ···138

Part
5
每天一句"彩虹屁"，激发孩子内驱力

夸家务做得好，激发孩子的责任感 ···144

夸主见，让孩子自信做决策 ···148

夸同理心，培养孩子的高情商 ··152

夸有条理，培养孩子的逻辑能力 ···156

夸乐于助人，让孩子更有爱心 ··160

孩子诚实守信，应多表扬 ··164

夸有孝心，让孩子懂得感恩 ···168

夸有领导范，让孩子在团队中受欢迎 ···172

每一句赞美，都是对孩子成长的认可与鼓励。具体而有针对性的表扬，能让孩子更加开心和受用，他们会明白自己哪方面做得好，下一次就会做得更好。有效的夸奖，还能让孩子明白努力和坚持的重要性，培养他们的成长性思维。

Part 1

有效表扬，让孩子越来越优秀

积极发掘孩子的优点并表扬

情景展现

小坤经常放学被老师留下来改错，这天，他从学校出来，看到妈妈孤零零站在大门口等他。

考试没考好，学习成绩差，家庭条件不如班上的其他同学，这些都有可能导致孩子产生自卑心理。自卑是一种心理缺陷，自卑的孩子会轻视或过度低估自己，认为自己不如别人。这种情绪在年幼的孩子身上很容易出现。

孩子会自卑，很大一部分原因是将自身与他人进行了对比。想一想，就连我们大人也会下意识地在心里做比较，诸如哪个同事比我挣得多，哪个同事被领导表扬了。

孩子也是一样，并且孩子可比较的方面更多：学习成绩的好坏，作业的优劣，谁用的文具好看，谁有最新的玩具……甚至连吃饭快慢这种小事都有可能被小孩子拿来进行比较。当发现自己不如别人时，孩子就会产生自卑感。严重的自卑感会对孩子的身心健康造成深远的负面影响，因此父母要及时引导孩子摆脱自卑。

父母可以通过表扬孩子的优点来强化孩子的自我肯定。要做到这一点，父母的眼光就要放宽，着眼于整体，不能只局限于学习成绩。孩子的行为举止、兴趣爱好、动手能力、劳动能力等方面都是父母可以进行考虑的因素。看到的面宽了，自然就不难找到自己孩子的优点。

在孩子的学习方面，父母不应只着眼于成绩高低。孩子对于学习工具的运用，字迹的整齐程度，卷子收纳的习惯，甚至握笔的姿势是否规范，等等，都可以作为正面评价的依据。

父母要善于发现孩子身上微小的闪光点，表扬孩子的优点，给孩子中肯的评价，鼓励孩子多与自己做比较，强化自我肯定，不必太过在意别人的眼光。

夸孩子这样说

学习方面的优点怎么夸

1. 你的基础题一道都没有错，这说明你知识学得很扎实。

2. 你的作文分高，说明你平时爱阅读，不是吗？

3. 美丽不只是外表，真正的美是一种气质。像你这样爱读书的女孩，会越来越有气质。

4. 你爱看书，还会给小朋友讲故事，大家都很喜欢你哦。

5. 你很爱惜自己的文具，从不故意毁坏。

6. 你上课从不捣乱，也不和别人说话，说明是你是个遵守纪律的好孩子。

7. 你是个勤奋的孩子，每次遇到复杂的难题，你都一遍遍地钻研，我为你骄傲。

8. 最近老师反映，你上课越来越认真了。

9. 我发现错的题你会再做一遍，这个习惯真的很好。

当孩子因为比较而自卑时，不妨指出孩子身上的其他优点，加以肯定和赞美，这样他才能发自内心地肯定自己。

换个角度夸不足

10. 虽然要读好多遍才能记住，但这样记得牢啊。

11. 慢一点儿，说明你很细心，也有耐心，还能避免写错。

12. 你没有放弃不喜欢的科目，而且很认真地去学了，我觉得你是个比较理智的孩子。

13. 你喜欢拆东西，说明你爱动手又爱动脑。

14. 写字开始就要慢一点儿，一笔一画既工整又好看。

15. 我想你不是不会，而是想再思考一下，以确定不会答错。这是一个很好的习惯。

16. 善于听别人说，会让你很有魅力。不过，有时候也可以展示一下自己。

凡事没有绝对的好和坏，有时候缺点正好也是优点，父母要打破评判孩子的世俗标准，多角度看待孩子。

如何夸那些容易被忽略的优点

17. 你的眼睛很特别。

18. 你擅长使用各种工具，动手能力很强。

19. 你脑子里有很多小点子。

20. 你很会安慰人，小朋友听了你的话，就不哭了。

21. 你画的小房子很别致，很有想象力，你肯定是一个天才建筑师。

22. 你这小脸蛋，软软糯糯的，可爱极了。

23. 你喜欢抱抱妈妈，你是个有爱的孩子。

24. 你喜欢笑，你的笑让我觉得好温暖啊。

25. 你腿长胳膊长，很适合打篮球哦。

孩子身上有很多亮点，是我们平时很容易忽略的。多多关注这些细微之处，能让孩子变得开朗自信。

描述事实，赞美越具体才越有效

情景展现

周末，小雪把自己的房间收拾了一下，指着干净的房间向妈妈炫耀。

情景分析

如果你是前述情景中的孩子，听到妈妈的夸奖，你会有怎样的感受？你会因此更乐意用劳动去维护自己房间的日常整洁吗？

《怎么说，孩子才会听；怎么听，孩子才肯说》一书的作者阿黛尔·法伯和伊莱恩·玛兹丽施指出，父母们常用的日常赞美方式有两种，即评论性赞美和描述性赞美，其中后者常常比前者更有效用。

评论性的赞美，是对一个人的整体进行"下定义"式的赞美，往往会让人觉得空洞乏味；而描述性的赞美则是具体的，通过对某件事过程和细节的描述进行的赞美，能够给人更加真诚的感觉。同时，用具体事例来赞美孩子，可以让孩子感受到父母"就事论事""对事不对人"的公正客观的态度。

"你真棒""真是个好孩子""你真厉害"之类空泛笼统的点评性话语，听上去更像是在敷衍，往往起不到鼓励的作用，还可能使孩子产生"审美疲劳"，导致夸与不夸没有区别的情况出现。事实上，夸奖越具体越有效。

儿童心理学家海姆·吉诺特博士认为，有益的赞美从两个方面衡量，即成人用赞赏的语气描述他所看到的和他所感受到的。孩子听到这样的描述以后，就能够赞赏自己。

如果孩子从你的赞美中感受不到你的诚意和真心，不能产生自我认同的感受，这个赞美就很"鸡肋"了。时间长了，孩子还会觉得你很敷衍而不再信任你。评论性赞美中的"你真棒""你真会……""不错""真美""太妙了"很容易导致这种结果。

所以，父母在夸奖孩子时，应尽量描述事实本身。比如，孩子画了一幅画，父母说："你画了一个月亮，月亮照耀着一条小河。哦！小河上还有一条船。船上坐着的是个小人吗？他在船上做什么呢，是在钓鱼吗？"这样的描述会让孩子觉得父母在认真地"欣赏"自己的劳动成果，那是对自己努力的一种肯定。这样一来，孩子会更乐意与父母进行探讨，更有动力去继续做这件事。

夸孩子这样说

具体行为怎么夸

26. 吃得真干净，你真是节约粮食的好孩子！

27. 你把饭吃光，还把碗筷放进了水槽，做得真不错！

28. 你主动下楼帮妈妈拿快递，还懂得跟快递叔叔说谢谢，真有礼貌！

29. 多亏你帮我拿来了复印的材料，我才能顺利完成工作。谢谢你！

30. 你把地扫得很干净，让咱家变得很整洁。

31. 今天闹钟一响你就起床了，我都有点儿佩服你了！

32. 今天一起床就主动跑到卫生间去刷牙了，非常了不起。

33. 你今天 8 点准时出门，特别遵守时间，太棒了。

34. 你能把书桌收拾得很整齐，妈妈为你感到骄傲。

35. 最近你的作业进步很大，每个字都写得工整漂亮，纸张也干净整洁，看着就让人赏心悦目。

先说原因，即孩子干了什么，然后再进行夸奖，让孩子明白"是因为我做了……所以我被夸了"，这样可以帮助他们了解做什么是对的、是值得被鼓励的。

借用复述夸细节

36. 午休时你帮小朋友把踢掉的被子盖好，你真体贴！

37. 听说体育课上，有同学摔倒，是你把他送到医务室的？

38. 你帮奶奶洗菜、洗碗、拖地，做了很多事，奶奶很开心。

39. 爷爷说，他看不清药品的说明书，是你主动帮他念的。你真懂事！

40. 老师表扬了你，说你今天上课特别认真，还积极举手回答问题，妈妈很为你感到自豪。

41. 外公说，今天你帮他把菜提回来，可省了他不少事。

42. 外婆在客厅做卫生时，你能帮着她扫地、拖地，还帮她擦桌子，外婆说你是她的小帮手。

不管是谁，亲戚、邻居、朋友，哪怕是陌生人赞美孩子，父母都可以转述给孩子听。

如何从父母感受的角度夸孩子

43. 你能自己穿衣、洗脸、刷牙，妈妈终于放心了。

44. 你经常给爷爷奶奶打电话、买礼物，爸爸很感动。

45. 你主动帮妈妈摆碗筷，妈妈特别开心。

46. 放学回来你就乖乖写作业，妈妈很欣慰。

47. 昨天我加班，你给我留了饭，我很开心。

48. 你现在能每天自己去上下学，让我们特别省心。

49. 你作业总是写得又快又好，值得表扬。

50. 邻居总和我们夸你有礼貌，经常扶老人上下楼，这让我们都特别有面子。

看到孩子做得好，父母可以把自己的感受告诉孩子，让孩子知道父母对他们的肯定。

肯定孩子的努力，而不是聪明

 情景展现

小文数学考了 100 分，英语只考了 80 分，卷子拿回家，他先把数学卷子给妈妈看。

情景分析

当孩子把"好的结果"与"自己聪明"画等号，就会逐渐自我感觉良好，从而产生两种心理：事情做得好自然是我聪明；做得不好就是我不聪明了，失去信心。这样的孩子，一遇挫折就容易灰心，且不愿意也不敢接受新的挑战。甚至会采取欺骗、说谎的手段来维持自己的聪明。

而经常被肯定努力的孩子则不同，他们坚信自己的一切都是通过自己后天的辛苦努力得来的，是掌握在自己手里的，所以他们总是充满自信，敢于挑战新事物，并且不怕挫折，越挫越勇。

1988 年，著名心理学家卡罗尔·德韦克做了一个实验。

她选取了 128 名孩子，将其分为 A 和 B 两组进行拼图游戏。在实验的过程中，德韦克一直对 A 组的孩子说"你真聪明"，对 B 组的孩子则说"看得出来你刚刚很努力，你做得很棒"。

随着拼图游戏难度的增加，被夸聪明的 A 组孩子放弃了挑战，即使有个别孩子参加挑战，一旦失败，就会陷入痛苦中。而 B 组孩子更有勇气挑战难度大的实验，即使失败，也不会自怨自艾，心态更加健康。无论游戏难度有多大，最后都会找到解决办法。

在学校或者社会里，两种人最受人尊重：一种是非常聪明又非常努力，从来都不因为自己的聪明而骄傲自满的；另一种是不算聪明却非常努力，从来都不为自己的不聪明而自卑的。由此可见，努力的孩子到哪里都是受欢迎的。

很多情况下，父母甚至要故意淡忘孩子的聪明，而重视孩子的努力，并把这种理念传递给孩子，让他们感觉到只有努力才能获得父母的认可和夸奖。

夸孩子这样说

孩子做事努力如何夸

51. 我看你每天都在整理错题，反复练习自己不擅长的题型，付出了这么多努力，这份好成绩是你应得的，妈妈为你点赞！

52. 这次计算很细心，比之前进步了许多。

53. 你这两天一直在背诵和默写，瞧，付出就有收获。

54. 老师留的背诵和默写作业，你每次都很认真地完成，这颗星星是你应得的。

55. 每天回到家就学习，书都被你翻坏了，难怪成绩好啊。

56. 你每天练琴练到很晚，手指都红了，演出才能这么完美。

57. 你和达·芬奇一样，每天都坚持画画。

58. 大家都说你聪明，但其实你为了学习放弃了很多玩耍的时间，每天睡得都很晚，成绩得来是很不容易的。

59. 每天多写5道题，是不是感觉数学也没有那么难了？

尽量指出孩子是如何努力的，说得越准确，孩子内心就越会觉得自己这样努力和付出是值得的，就越会有成就感。

让孩子认识到努力可以提升能力

60. 你想到用瓶盖来衡量洗衣液，再也不用担心倒多了。

61. 你的自理能力有了很大的提高，妈妈为你感到骄傲。

62. 学轮滑时你摔的跤没有白摔，现在滑得又快又好。

63. 只要你肯用心去学，尽最大的努力，你就会越来越熟练。

64. 你每天早起念英语，特别辛苦，现在都能和外国人对话了，这辛苦很值得。

65. 你之前刻苦地读书，现在才能得到好成绩。

66. 练习了大半年，现在老师都说你劈叉劈得干净利索。

告诉孩子，他们的一些不足之处可以经过努力得到提升和补足，让孩子们相信努力可以改变结果。

怎样赞美孩子的坚持

67. 虽然很困难，但你坚持了下来，你真的非常棒。

68. 正因为坚持，你才能一次都比一次表现得更好。

69. 你学围棋都一年了，这不就是坚持的证明吗？

70. 你这次练习，坚持的时间更久了，比上次有进步多了。

71. 你都没想到你能坚持这么久吧？太厉害啦。

72. 这几个月里你坚持锻炼身体，体能比以前好了很多。

73. 通过这次学习空手道的经历，爸爸看到了你肯吃苦、能坚持的好品质，说明你也是有优点的。

74. 爸爸看了今天的数学题，有点儿难，可是你写得很认真，爸爸给你点个赞。

75. 这次考试虽然成绩提升不多，但你最近一段时间坚持努力学习，也很了不起。

及时表扬孩子的坚持，让他们知道坚持的重要性，今后在遇到困难和挫折时就能坚持不懈。

及时肯定孩子的点滴进步

情景展现

妈妈又榨了西瓜汁，给南南倒了一杯，他着急去玩，喝完就准备走。

 情景分析

许多父母都会觉得自己的孩子记性太差，嘱咐过好几遍的事还记不住，总得要人提醒。比如，自己的饮料杯子不刷，脱下来的鞋子不放好，刷牙后牙刷不放回原处……但有些时候，有没有可能并不是孩子没记住，而是当孩子做好的时候，父母没有注意到呢？

父母为了培养孩子好的生活习惯，通常喜欢许下长期的承诺，比如"这一个月你的抄写都得优，就给你……奖励""如果你能坚持每天刷自己的碗，暑假就带你去旅游"。然而，过于遥远的奖励对孩子起不到持续有效的激励作用，不足以帮孩子战胜玩耍或偷懒的欲望。因此，"放长线钓大鱼"并不适用，对孩子来说，父母及时的肯定才是鼓励他们持续前进的动力。

即使只是微小的进步，也应该立即予以肯定。比如，孩子今天自己系了鞋带，作业写得更工整了，没有等父母叫就自己按时起床，等等，父母发现时就应立即表达欣赏和赞美。有可能在父母眼里这只是一件小事，做到是很理所当然的，觉得没什么值得表扬的。但对孩子而言，父母随口的一句赞美都可能成为他们的动力，他们会记住这是正确的做法，在今后也会努力做到。时间久了，好的习惯自然而然地就形成了。

父母也要分清哪些是孩子本来就能够做到的，哪些是他应该承担的责任，哪些则是他真正的进步。同时，不要将眼光只局限于孩子的学习方面，生活习惯、品德等其他方面的点滴进步也都应该给予鼓励和肯定。

在孩子取得进步时及时进行赞美，可以起到强化孩子这一行为的作用。作为父母，要学着发现孩子身上微小的闪光点，多点儿耐心和鼓励，及时恰当地赞美孩子，帮助孩子更好地成长。

要想做到及时赞美，父母就要在生活中时刻关注孩子的动态，了解他的点滴进步。切忌今天的事拖到明天表扬，赞美是有时效性的，错过了时机，它的效果就会大打折扣。

夸孩子这样说

怎样及时肯定行为和结果

76. 你是站在凳子上晾的衣服？你的点子真不少，来，奖励你一个抱抱。

77. 洗衣机里的衣服都是你晾的？我差点儿忘了洗衣机里还有衣服，你可真是妈妈的好帮手！

78. 这么多东西，要不是你帮忙，我一个人真拿不动呢。

79. 你力气比以前大多了，都能提动一个大西瓜了。

80. 每天洗脸后你都把洗手台整理得很干净，妈妈谢谢你。

81. 小狗跑过来，你都没有走神，妈妈给你点个赞。

82. 你今天写作业姿势特别端正，认真写作业的孩子最帅。

83. 妈妈非常开心，因为你今天进门以后就把脱下的鞋子摆放得很整齐。

84. 最近我发现你语文作业里错别字很少，看起来很舒服。

85. 刚才讲这道数学题时，我发现你的思路比以前清晰很多。

86. 你把床打扫得很整洁，晚上躺在上面肯定很舒服。

87. 你能把掉了的饭粒捡起来，妈妈收拾桌子方便不少。

要及时给予描述性的肯定，既肯定孩子的行为，也肯定其结果，这会让孩子为自己能做到而感到自豪。

怎样及时肯定态度和意愿

88. 虽然错了不少，但我看到了你认真的态度，这很难得。

89. 你没有因为不会就在卷子上胡写乱画，态度很好。

90. 考前你复习得很认真，但偶尔一次没考好不代表什么。

91. 你说后面的大题没有时间写了，我想是因为你特别想考好，才在前面的题目上花费了那么多时间。

92. 我知道你特别想帮爸爸做家务，不过你现在的力气还小，你可以先帮爸爸把桌子擦干净。

93. 你每天学得很辛苦，不过这事急不得，沉住气，慢慢来。

94. 妈妈知道你想在运动会上得奖，才天天都去练跑步，不过这次没得奖没关系，以后还有很多机会。

肯定孩子做事的意愿和态度，孩子就不会气馁，而是会愿意更加努力地去改进。

怎样及时肯定孩子身上的闪光点

95. 和同学有矛盾，你能主动向对方道歉，说明你很勇敢。

96. 妹妹把你的薯片都吃完了，你也没生气，很大方呀!

97. 你每次看到邻居都主动打招呼，真懂礼貌。

98. 老师说上次同学病了，你主动把笔记借给他，还给他讲题，大家都说你热心。

99. 看到路上的小狗受伤，你能主动照顾它，真有爱心。

100. 捡到别人的东西及时归还，你是个拾金不昧的好孩子。

注意发现孩子身上的长处，并且及时对孩子进行鼓励，能让孩子意识到自己的优点，增强自信心。

赞美孩子要真诚，再忙也不敷衍

情景展现

晓峰画了一幅画，开心地拿给妈妈看，但妈妈正忙着拖地。

情景分析

许多父母就像一台"AI设备"，当听到孩子发出的诸如"我画的画好看吗""我写的字整齐吗""我折的小猫可不可爱"之类寻求反馈的问题时，总是下意识地开启"无脑夸"模式："画得真好看！""写得太棒了！""真可爱！"……

父母的回答往往脱口而出。但当孩子进一步询问"好在哪里"时，父母却说不出个一二三来，只能回答"哪里都好"。

如果孩子继续追问，父母就会觉得烦躁，很容易产生"我都夸你了，还要我说什么"的想法。其实很多时候，父母都忙于手中的事情，因此只是随便夸奖一句，希望能够尽快把孩子应付过去。

"敷衍式赞美"不但达不到赞美的效果，还可能让孩子产生自我怀疑，因为他并不知道自己做的好在哪里；也有可能造成孩子过度自信，因为父母总是"无脑夸"，让孩子认为自己无论做什么都很好，进而变得狂妄自大。有些敏感的孩子能够察觉到父母夸奖时是在敷衍自己，这时他们心里容易产生一种消极的想法：父母并不爱我，我的存在没有价值。

"你真棒""你真聪明"等赞美的话语，其实是一种无效评价。因为它里面并没有包含任何信息，没有告诉孩子他到底棒在哪儿，哪里做得对。这种盲目且敷衍的夸奖不能教孩子正确认知自己的能力，反而有可能对孩子造成伤害。

父母赞美孩子，应当做到真诚、走心、不敷衍。要想做到这一点，就要求父母无论多忙都要分出一两分钟的耐心来认真倾听孩子，静下心来欣赏孩子想要向父母分享或展示的成果，真正看到孩子的进步，发自内心地分享孩子的快乐，用心表达自己的赞美。

当父母实在想不出如何夸奖孩子时，也可以引导孩子自己分析，比如："树叶的色彩和光影画得非常真实等，你是怎么调的颜色？"这样说既让孩子感受到父母的赞美和肯定，还能引导孩子进行自我思考，发现自己的优势。这样的赞美比一句简单的"你真棒"更能让孩子明确地认识到自己今后努力的方向，且清楚地知道自身的价值所在，还可以锻炼孩子自我反思进而不断进步的自省能力。

夸孩子这样说

如何赞美细节，提出建议

101. 你连叶片的脉络都画得这么清晰，像真的一样。

102. 你对颜色的选择把握得真好，看到这个黄澄澄的太阳，我仿佛沐浴在真的阳光下一样，非常温暖。

103. 这个"颜"字，结构清晰，笔锋干净又漂亮。

104. 你的字结构很好，如果再稍稍放开一些，会更好看。

105. 你的试卷卷面整洁，字迹工整，看着就觉得清爽。

106. 老师经常和我们夸你的作业写得好，我刚才看了一下，数学的计算过程写得很详细，每一步写得都很工整。

107. 你跑步的姿势很标准，如果呼吸均匀一点儿就更好了。

108. 你的钢琴声让人觉得很放松，就好像站在小河旁边，听河水欢快地流淌。

109. 听你唱歌真的是一种享受，就像听到百灵鸟唱歌一样，不过我感觉你的气息还要继续练习一下。

110. 你捏的小狗，好像下一秒就要张嘴叫了。

111. 今天舅舅和舅妈来咱家，你给他们倒茶、拿水果，还和他们聊天，特别热情，让他们觉得很开心。

112. 今天放学，你能主动和老师说再见，很有礼貌，要是能够面带微笑，看起来会更好一点儿。

真诚的赞美要求父母有一双善于发现和欣赏细微之处的眼睛，赞美的地方越是细节，孩子越会感到父母的用心；同时，父母提出建议也可以让孩子更有动力。

如何引导孩子发现自身优点

113. 你的观点很新颖，让我大吃一惊！

114. 这本书你居然读完了！你是怎么挤出时间来读书的？

115. 你没让我帮你检查作业，你写完后是如何检查的呢？

116. 这个题型你以前不会，能告诉我是怎么攻克它的吗？

117. 你早上很快就穿好衣服了，是怎么做到这么快的呢？

118. 你和朋友一起玩玩具，你是怎么做到这么大方的呢？

119. 还不到 8 点你就写完作业了，你怎么写得这么快啊？

120. 今天的默写，你只写错了一个，是怎么做到的？

121. 妈妈发现你特别厉害，刚才妹妹大声说话也没有影响你学习，请问你保持专注力的秘诀是什么？

122. 今天弹琴特别流畅，你是不是自己偷偷练习过？

123. 老师说你今天又考了 100 分，你平时是怎么学习的？

124. 你的书包总是很整齐，你是不是经常收拾呢？

125. 今天出门多亏你带了一把伞，你怎么知道要带伞呢？

引导孩子自己进行思考，让他主动说出自己为了做好这件事付出了哪些努力。在回顾的过程中，孩子会发现自身的优势或优点，并会因为父母的赞美将它们强化。

创造机会，让孩子发现闪光的自己

情景展现

　　小刚不喜欢学习，在学校成绩不太好，有点儿自卑。爸爸没有批评他，而是开始寻找他身上的闪光点。

情景分析

　　每个孩子身上都存在着独一无二的闪光点，即使是成绩差的孩子也不例外，父母要善于发现它。要知道，没有孩子可以做到十全十美，就连作为父母的成年人也存在着各种各样的缺点和瑕疵，又怎么能够要求孩子做到完美呢？所以，父母应该肯定孩子的独特性，学会发现孩子身上闪光的部分，做到用发展的眼光看待孩子。

　　尤其是对于学习成绩不理想的孩子，父母更要学会为孩子创造展示的机会，让孩子在感兴趣或擅长的领域有所表现，甚至做出成绩来获得成就感，建立自信。通过认识到自己身上存在的闪光点而产生的自我认同，对孩子日常的学习和生活能够起到帮助和促进的作用。自我认同感的提升会使孩子认可自身的价值，从而变得更愿意去学习和接受新事物。正如著名教育理论家苏霍姆林斯基所说："成功的快乐是一种巨大的情绪力量，它可以促进儿童好好学习的愿望。"

　　父母要独具慧眼，发现孩子身上的闪光点，对孩子的兴趣抱支持的态度，鼓励孩子去尝试。哪怕这个兴趣在父母看来很无用，父母也千万不要泼冷水，那很可能是孩子某一天赋的萌芽阶段。注重培养孩子的每一种可能，创造足够的机会和条件，才有可能让孩子的天赋得到真正的发展。

　　有时，父母没有刻意培养孩子，却"无心插柳柳成荫"。例如，孩子从小喜欢搭积木，父母在他稍大一点儿时给他买了乐高。孩子通过玩乐高锻炼了动手能力和根据图纸构建空间模型的能力，从而对建筑产生兴趣，最终发奋学习，决定考取名校的建筑专业，学习自己所热爱的建筑设计。

　　毋庸置疑，即使是学习成绩差的孩子，也有可能在发现自己的闪光点和兴趣所在之后发奋转变，最终取得成功。

　　父母的赏识能够给予孩子无尽的勇气和力量。面对难以管教的孩子，父母不妨从他感兴趣的方面入手，给他展示自我的机会。

夸孩子这样说

怎样鼓励孩子的闪光点

126. 你的 excel 用得那么熟练，我觉得你可以帮班级做一张座位表。

127. 你们这学期的黑板报需要一些艺术字来做标题，老师听我说你很擅长电脑，所以想请你帮帮忙，可以吗？

128. 老师想找几个同学做黑板报，我觉得你可以去试试。

129. 老师说你大长胳膊大长腿，一看就是跳舞的材料，想让你参加学校的舞蹈队，怎么样，想不想报名？

130. 爷爷喜欢月季花，你把这盆月季种好，等它开花时正好送给爷爷当生日礼物，他一定特别高兴。

131. 咱家数你唱歌最好，过年时唱几首，亲戚肯定爱听。

132. 你不是会书法吗？咱家今年的对联就交给你了。

133. 你不是最喜欢帮助别人了吗？邻居家的小妹妹一写作业就发愁，爸爸想让你去给人家讲讲，你肯定能讲好。

父母可以在恰当的时机给孩子提出建议，帮助孩子合理地展现他们的"闪光点"。

怎样赞美意想不到的地方

134. 这个集成电路板做得太好了，我觉得你可以去参加比赛。

135. 你想不想参加机器人大赛？我认为你可以去尝试一下。

136. 爱嘲笑别人的小孩可不是好孩子。再说，唱歌好听的孩子也有不会的，比如不会做咖喱饭，不会烤饼干，这些你都会呀！

137. 你唱歌不好听，但你写字漂亮，一样值得自豪。

138. 我觉得你的知识面很广，知道很多我们都不知道的东西，像恐龙啊、宇宙啊，你真的是博学多才。

139. 那个小朋友摔倒，是你把她扶起来，你很有爱心。

140. 你总是笑得很开心，是大家的"开心果"。

141. 看到长辈，你就主动打招呼，大家都说你懂礼貌。

当孩子在别人眼里不够优秀，孩子也自认为不够好时，父母可以通过夸奖孩子那些被大多数人忽视的优点，帮孩子重拾自信。

失败时如何给予鼓励

142. 虽然这次比赛你没拿到名次，但起码向大家展示了自己。

143. 你只是有些紧张，咱们吸取经验，下次就能唱得更好。

144. 能上台就已经很勇敢了，老师和同学们都在给你鼓掌。

145. 这次没成功也没什么，以后还有很多机会。

146. 妈妈可不敢当众上台，你比妈妈强多了。

147. 没做好没关系，你已经尽了全力。

148. 那些著名歌手唱现场时都可能会唱破音，这没什么。

149. 输赢不重要，让大家知道你的才能就可以了。

150. 第一次表演达到这种程度已经很不错了，咱们继续努力，争取下次更成功。

假如在展示才能时，孩子失败了，父母及时地鼓励，能让他们继续努力，避免他们就此丧失信心。

孩子再优秀，表扬也要有度

小英之前写作业爱拖拉，有一次，她为了出去玩，很早就把作业写完了。

我闺女真厉害，不到 9 点就把作业全做完了。

妈妈，我下次能写得再快点儿。

行，早点儿写完，就去玩。

妈妈，我去玩了。

回来，你这咋写得这么潦草？还有不少错的！

我让你写快，也没让你写得乱七八糟呀。重写！

你不是让我写快点儿吗？

情景分析

　　有些父母为了贯彻"好孩子是夸出来的"的教育方法，只要孩子有一点儿小事做得好或有微小的进步都不吝啬自己的表扬。但过度的表扬并不能起到鼓励、促进孩子进步的作用，反而有可能会使孩子变得骄傲自满，认为自己的水平已经足够好了，于是开始敷衍了事；或者为了听到父母的表扬而逞强去做自己能力达不到的事，给自己徒增负担。

　　更严重的是，那样还可能会导致孩子听惯了表扬，再也不能接受一点儿批评，养成骄纵虚荣的性格。

　　父母们会觉得，表扬也不行，不表扬也不行，到底怎么样才好呢？孩子需要表扬，但不要"过度表扬"。那什么叫过度表扬呢？

　　第一点就是过于夸张，不尊重客观事实，肆意赞美孩子。这会让孩子对自己的定位不明确，产生自傲心理。这会让孩子内心对赞美期望值变高，时间久了，对正常的赞美和鼓励反而不适应，对外界给予的优越感的需求更加强烈。

　　而当孩子的期望和事实不符时，巨大的落差甚至会导致他们心理扭曲。著名的心理学家阿尔弗雷德·阿德勒在《儿童的人格教育》中指出，当一个孩子追求优越感的渴望越加强烈，就会衍生出嫉妒之心。这类孩子为了不让别人比自己更优秀，内心会邪恶地诅咒自己的对手遭受厄运，甚至付诸实际行动去伤害对手，给他们制造麻烦，更严重者不惜以犯罪手段去打击对手。

　　另外，言过其实的表扬也会使孩子担心自己的行为不能匹配别人的赞美，给孩子带来巨大的心理负担，引起孩子的焦虑，扰乱孩子做事的积极性。

　　第二点就是表扬的次数太频繁。正所谓"过犹不及"，如果一天到晚总是表扬孩子，孩子听得多了就会渐渐麻木，觉得被表扬也没什么大不了的，从而使表扬失去它原本应有的效用。好比你刚进卫生间时觉得里面很臭，但如果在里面待上一段时间就不觉得臭了，因为你的鼻子已经习惯了那个味道。

　　所以，对于孩子来说，表扬应该起到"画龙点睛"的作用，不要太频繁，但每次表扬都要说到点子上。

夸孩子这样说

如何表扬孩子好的行为

151. 你今天主动帮妈妈洗碗，妈妈感觉你长大了。

152. 谢谢你把碗洗得这么干净，我要奖励你一颗小星星。

153. 有好吃的，和妈妈一起分享，太有爱了。

154. 谢谢你！这个饼干真好吃，我以前都没有吃到过。

155. 妈妈看到你给弟弟递了一杯水，谢谢你照顾弟弟。

156. 妈妈在厨房里忙，你能自己玩，让妈妈省了不少心。

157. 你能把地上的纸捡起来，真是个爱干净的好孩子。

158. 你帮妈妈把衣服都挂了起来，看，衣柜里多整齐啊。

159. 你帮着爸爸扶好梯子，爸爸的安全就全靠你啦。

160. 你主动帮奶奶提东西，奶奶特别高兴，一直夸你呢。

明确孩子好的行为，给予孩子称赞，让孩子感受到被需要、被感谢，就是对孩子良好行为的肯定。

表扬的同时如何做到不失鞭策

161. 今天写作业的效率好高，给你点赞！不过，写完如果能仔细检查一下，看着有没有错误，就更好了。

162. 你的作业写得很快，如果字迹工整一些，就更完美了。

163. 作文写得逻辑清晰，要是再整洁点儿就更好了。

164. 谢谢你帮忙洗袜子，比妈妈搓得还认真。上面还有点儿泡泡，再用清水洗一遍就好了。

165. 你把袜子洗得很干净，不过下次洗衣液可以少放点儿。

166. 地擦得很干净，只是地上的水有点儿多，下次你可以把拖布多压一会儿，让拖布更干一点儿。

167. 你这么快就能把咱家的窗户擦干净，真是太好了。唯一的缺憾是玻璃的四角还有点儿脏，希望你再接再厉。

168. 客人来了，你会主动给人家倒茶，不过妈妈提醒你一下，茶不要倒得太满，不然人家没法喝。

父母可以在表扬的基础上加以鞭策，如肯定孩子的同时告诉他怎样做能更好，这样既肯定了孩子的付出，也不会让孩子太过骄傲。

如何让表扬符合实际

169. 这次 10 道题里，你做对了一半，比上次多了 2 道，有进步，加油。

170. 刚才问你"飞流直下三千尺"的后一句，你很快就答上来了，记忆力真好啊。

171. 你这个想法还挺独特的，能给爸爸解释一下吗？

172. 刚才听你弹琴，能听出来你弹得很用心。

173. 妈妈每次看你的舞蹈，都能被你的快乐所感染。

174. 宝贝的歌唱得真好，妈妈一听你唱歌心情就特别好。

175. 你的作文写得很真实，我看了以后很感动。

合理的称赞是不因为爱孩子而过度赞美孩子，避免使用过多、过度的赞扬词语，要让孩子觉得被夸得很有道理。

如何在别人面前夸奖孩子

 **情景展现**

小磊和小文给小丽过生日，三位妈妈在一旁聊天。

看你家小文多懂事，知道主动给大家分蛋糕。

他就是在外人面前才懂事，在家可不这样，从来不帮我做家务。

孩子都这样，在外想表现，回家就原形毕露。

你们别谦虚了，我觉得我家小丽就挺好的。我下班回到家，她总是主动给我倒水，还会给我捶肩呢。

 情景分析

有些父母过于"谦虚"，甚至在别人夸奖自己孩子时都下意识地否认，哪怕孩子在家其实表现很好，也要谦虚地否认，否则就是"炫耀"。其实不然，孩子不懂大人是在"自谦"，他只会单纯地以为父母认为他"没那么懂事""在外面懂礼貌都是装的""在家很笨"……对于孩子来说，父母的言行是最重要的参照物，他会认为父母说的是真的，从而产生自我认知的混乱。当他们习惯了父母在别人面前的"自谦"，就会认定自己就是那样：我一无是处，比不上其他孩子。

著名社会心理学家马斯洛在他的需求层次理论中提出，人人都有被尊重的需要，孩子也不例外。特别是在外人面前，孩子的自尊感会尤为强烈。孩子对自我尚未形成完整的评价时，父母的赏识与鼓励可以帮助孩子实现良好的自我认同。

当父母在外人面前夸奖自己孩子的时候，可以让孩子充分感受到父母对他的尊重、欣赏和重视，从而使孩子变得更上进、更有自信。

但父母也要注意，在别人面前夸奖孩子要态度真诚、适可而止。过度地吹嘘和夸大自己孩子的优点，会给人炫耀的感觉。比如，有些父母喜欢让孩子展示特长或表演节目，以此来收获众人的赞美与夸奖。长此以往，孩子有可能会形成爱慕虚荣、骄傲自满的性格。

有心理学家认为，孩子经常被当众过度表扬，很容易产生自恋的心理，因为并非所有大人都可以做到有分寸地夸奖孩子。尤其是当外人夸奖孩子时，更容易夸大对孩子的评价，导致孩子对自我的认知出现偏差，从而变得自命不凡。

此外，心理学家还提出，过度的当众赞美会导致孩子心理压力过大。比如，"妈妈夸我听话懂事，如果我不这样做是不是就不是听话的好孩子了？"这会让孩子认为自己必须一直保持这样才能获得父母的认可，但他们本身未必有强大的意志品质能够保证这一点。孩子长期勉强自己，只会导致心理压力过大，甚至全面崩溃。所以父母应注意，在别人面前夸奖孩子也要讲究尺度，避免夸奖过度而导致的反作用。

 夸孩子这样说

如何描述孩子当众的表现

176. 我儿子比较腼腆，特别坐得住。昨天家里来客人，他就自己在房间里安静地看了两个小时的书，不吵不闹的，特别乖。

177. 我家孩子不爱说话，但很懂事，来了客人他会打招呼。

178. 我女儿吃饭很少浪费，总是能吃光。小时候教她的"谁知盘中餐，粒粒皆辛苦"，她到现在都记得呢。

179. 我家孩子这点特别让人省心，吃饭基本不用我们监督。

180. 这孩子脾气好，虽然年纪小，可是从来不乱发脾气。

181. 我们家孩子大方，让他叫人就叫人，从来不会躲着。

182. 这孩子从小外向，亲戚、邻居、老师、同学都喜欢他。

183. 我儿子懂得照顾人，会把好吃的、好玩的分给别人。

把孩子在外面的良好表现描述出来，对孩子是一种表扬，孩子会特别受用。

在别人夸奖孩子时如何予以肯定

184. 这确实是他的优点，他每天起床都是自己叠好被子，吃完饭，碗也都是自己刷。

185. 他在家也喜欢干活儿，经常帮我们扫地、擦桌子。

186. 为了竞选"三好学生"，他还准备了一段演讲，自己写的词，写得还挺好！

187. 孩子从小就喜欢跳舞，比赛前天天练，挺辛苦的。

188. 这孩子为了提高学习成绩，每天学到夜里 10 点多，看着就很辛苦啊。

189. 她为了演出，白天也练，晚上也练，嗓子都快哑了。

190. 我家孩子很尊重长辈，从来不和我们大喊大叫。

191. 孩子像他爸爸一样，很热心，经常帮助别人。

192. 我们从来不操心他的成绩，他很自觉，不用我们监督。

父母的态度会感染孩子。父母面对他人对孩子表示出肯定、自豪、喜悦的情绪时，孩子的自信心会得到提升，而且更有要把事情做好、努力学习的愿望。

怎样表达对孩子的尊重和欣赏

193. 我女儿的作文写得好，老师还让她在班里朗读了呢。

194. 别看我儿子是个男孩，可他很细心，居然能记得我和他爸爸的生日。那天还用零花钱给我买了个蛋糕呢。

195. 孩子一直很踏实，我想他只是没有找到好的学习方法，等找到了，成绩会有进步的。

196. 孩子的成绩虽然中等，可是他在班里很受同学的欢迎。

197. 我家孩子的想象力特别丰富，真让人赞叹。

198. 我最喜欢我家孩子的一点，就是从来不浮躁。

199. 孩子每天都乐呵呵的，能这样就很好。

200. 我女儿特别懂事，从来不会提出过分的要求。

父母在别人面前表达自己对孩子的尊重和欣赏，在外人看来是一种"炫耀"，在孩子看来却是最大的鼓励。

夸大宝，二宝嫉妒怎么办

情景展现

快过年了，哥哥弟弟和妈妈一起在家里大扫除。哥哥和弟弟负责擦玻璃。

妈妈，你看我擦的玻璃干净吗？

真干净，连人影都能清楚地映出来呢。

我不干了！

怎么啦宝贝？

你只表扬哥哥，明明我擦得也很干净啊！

情景分析

自私、嫉妒，这些根植于人性深处的东西普遍地存在于我们每一个人身上，孩子也不例外。现在的许多家庭都有两个孩子，父母常常会遇到这种情况：夸奖其中一个孩子，结果引起了另一个孩子的嫉妒。

其实，不光是二孩家庭，就算是孩子和同学之间，也很容易出现双方家长谈话时夸奖其中一个引得另一个嫉妒的现象。

比如，父母夸奖朋友家的孩子乖巧懂事，对自己的孩子却很不满，就会引起自己孩子的不满甚至嫉妒。父母觉得夸奖一下别人家的孩子是礼貌，对自己的孩子管教严厉点儿理所当然，但孩子感受到的只有父母的不满。

有调查研究发现，当姐妹俩同时在店里挑选衣服时，如果只夸赞其中一位穿着合适、漂亮，那么另一位就会产生消极心理。这种微妙的情绪其实就是通过对比产生的嫉妒，特别是姐妹之间的关系越好，这种情绪就会越强烈。

这种现象反而会影响营业收入，所以被销售行业视为大忌。同样的嫉妒心理也适用于儿童群体，不论是关系多么亲密的兄弟姐妹、同学朋友，都一样。只夸奖一个孩子而忽略另一个，就与上述调查中的店员犯了相同的错误。

如果父母只夸奖一个孩子，那么另一个孩子很可能会在嫉妒心理的驱使下做出一些"坏事"，比如抢他人的玩具、排挤他人、不和他玩等。时间久了，孩子的人际关系、心理健康都会因此受到危害。

父母可以通过"夸奖所有孩子"和"让孩子们分享功劳"两种方式来避免只夸奖一个孩子造成另一个孩子产生嫉妒心理的情况。注意不要将孩子放在一起比较，夸奖应公正合理、一视同仁。

 夸孩子这样说

如何夸，让俩孩子都开心

201. 姐姐跳得好，妹妹跳得也比上次有进步。

202. 你们练习跳绳时都很认真，姐姐还教了妹妹一些小技巧，妹妹也虚心向姐姐请教，这样下去你们俩一定会一起进步的。

203. 妹妹真乖，哥哥表现得也很好，帮妈妈推了购物车。

204. 姐姐真懂事，不乱要东西，弟弟也是，知道姐姐喜欢吃这个所以拿给她，你们两个都让我感到骄傲。

205. 弟弟的想法很新奇，不过这些都需要哥哥来实现。

206. 姐姐给妈妈拿拖鞋，妹妹给妈妈捶背，妈妈很幸福。

207. 你们俩在一起玩的时候，不吵不闹，气氛特别好。

208. 姐姐为弟弟盖被子，弟弟把好吃的留给姐姐，这就是你们对彼此的爱。

如何引导另一个孩子参与到夸奖中

209. 爸爸病了，弟弟不吵不闹，我们来谢谢弟弟，他长大了，越来越懂事了。

210. 姐姐把好吃的留给了妹妹，妹妹很感动，对不对？

211. 妹妹整理了房间，姐姐去拿好吃的过来，奖励妹妹吧。

212. 哥哥和弟弟分享了自己的漫画书，弟弟要谢谢哥哥哦。

213. 妹妹看到姐姐看书，自己也去看书了，妹妹跟着姐姐养成了爱阅读的好习惯，真棒。

214. 妹妹在浇花，哥哥去帮忙再端一盆水吧。

在夸一个孩子的同时也认可其他孩子，哪怕只是某个方面的细微之处也可以拿出来夸，这样可以有效防止"只夸奖一个孩子"造成的负面影响。

孩子分享功劳怎么夸

215. 能够拿到这个奖，多亏了你们这些日子的辛苦练习和默契配合。军功章你们一人一半。

216. 地是哥哥拖的，桌子和沙发是你收拾的；饭是哥哥做的，碗和餐桌是你收拾的。你们俩合作把家收拾得真干净！

217. 哥哥和妹妹一起做的小飞机真是太帅了！

218. 你们每次都把爷爷奶奶哄得很高兴，爸爸妈妈很放心。

219. 今天去亲戚家作客，你们两个都很有礼貌、很安静。

220. 哥哥和弟弟的相声配合得很好，把大家都逗笑了。

221. 姐姐弹琴，妹妹唱歌，你们俩配合得真好。

222. 弟弟洗菜、切菜，姐姐掌勺炒菜，色香味俱全啊。

223. 房子是你画的，大树是姐姐画的，真好看。

224. 都说"上阵亲兄弟"，难怪你俩能得奖。

225. 你的朗诵很有感情，弟弟衔接得也十分流畅连贯。

将成功的功劳均分给每个孩子，让孩子们感受到父母一视同仁的爱和关注，有助于加深孩子之间的感情，加强他们的合作意识，还可以避免其中一个孩子产生嫉妒心理。

每一次肯定，都是孩子进步的动力。对于年幼的孩子来说，他们对于外界和自身的认知主要来自于父母。父母的鼓励，不仅能够温暖孩子的心，还能让孩子更加自信，孩子也愿意朝着更好的方向努力。

Part 2

正确鼓励，帮孩子找回自信

用积极鼓励代替消极惩罚

 情景展现

爸爸妈妈原计划暑期带梦琪去四川旅行。梦琪特别向往九寨沟，去年暑假就特别想去。但是，当妈妈看到梦琪只顾玩，而不写作业，就宣布取消计划。

情景分析

当孩子犯了错，父母就会惩罚孩子。常见的惩罚方式除了批评，还有以下几种。

1. 肉体惩罚

打屁股、打手板，这种肉体上的惩罚比较简单、粗暴，表面上看起来很容易征服孩子，实际上很容易形成恶性循环。比如，孩子哭闹要玩具，你暴揍孩子一顿，他这次不再要求买玩具了。但下次他想要其他东西时，就会变本加厉地哭闹。

2. 关小黑屋

关小黑屋这个"独特"的方法对很多爱捣乱、淘气的孩子有奇效，但这个方法会增加孩子的恐惧感，不值得提倡。

3. 当众惩罚

惩罚本身就是一个消极的做法，如果在公共场所或当着外人的面去做，孩子脆弱的心灵会更加不堪。

父母在惩罚孩子前，内心都会想："这件事我已经说了 100 遍了，他还是照犯不误！必须得狠狠揍他一顿，让他长点儿记性！"还有一个原因是，父母觉得如果不惩罚孩子一下，他就不知道自己错了，更不知道该如何去改正。

惩罚孩子对解决整件事的作用并不大，正如美国儿童教育家海姆·吉诺特所说："惩罚无法阻止不良行为，它只能使罪犯在实施犯罪行为时变得更加小心，更加巧妙地掩饰罪行而不被察觉。孩子在遭受惩罚时，会暗暗下决心以后要更小心，而不是要诚实和负责。"教育的目的是让孩子自主反省错误，并从中获取经验教训，而非让他体验惩罚。如果孩子认为自己已经受到惩罚，通过行为补偿了错误，就不会再认真反省错误，很可能会再犯。要帮助孩子认识、改正错误，不妨用积极的鼓励代替消极的惩罚。

夸孩子这样说

描述式鼓励怎么说

226. 你这一周起床都不用催，闹铃一响就自己起床了。

227. 你最近每次写完作业，都能主动把书包整理好。

228. 你现在写字的时候不用提醒就坐得很端正了。

229. 你今天一点儿都没挑食，鸡翅和菜全吃完了。

230. 妈妈看到你今天把笔和橡皮都放在文具盒里了，用完的字典放回了原处，桌面上一点儿垃圾也没有，书桌干净又整洁！

231. 今天出门前，我看到你把自己的书包检查了一遍。

232. 你帮妈妈把碗洗得特别干净，真是太好了。

233. 小朋友给了你一块糖，你说了"谢谢"，真有礼貌。

描述样鼓励，不用任何评价的字眼，而强调孩子的具体行为，这会让孩子把注意力放到自己的行为上，而不只是在意是否得到了大人的好评。这里的重点是把具体的细节描述出来，避免笼统。

信任式鼓励怎么说

234. 你最近一直在努力复习，考试时不要紧张，我相信你能发挥好。

235. 再爬一段就到山顶了，我相信你能坚持到最后。

236. 你才上了两节游泳课，姿势掌握得不错，换气频率也掌握得不错，我相信你会游得越来越好。

237. 你的表现比之前进步了很多，继续努力，妈妈相信你会越来越好。

238. 自从上次考试后，我感觉你做题细心多了，相信你一定能取得好成绩。

239. 这次没有回答出来不要紧，下次你一定能回答正确。

240. 你把自己的东西都分门别类地整理好了，相信你不会再把它们弄乱了。

241. 你不是说要做个珍惜粮食的好孩子吗？我想你会把碗里的饭都吃光的。

当孩子遇到困难或者挑战，"我相信你……"之类的语言，能给孩子赋予能量，有助于帮他建立信心，克服畏难情绪，达到目标。

感谢式鼓励怎么说

242. 谢谢你给妈妈按摩肩膀，我的肩膀感觉舒服多了。

243. 谢谢你帮忙擦桌子，你的分担让妈妈感觉轻松多了。

244. 谢谢你在妈妈生病的时候照顾妈妈，妈妈好感动。

245. 你把自己的房间收拾得很整洁，帮妈妈省了不少事。

246. 谢谢你对长辈的礼貌和照顾，妈妈觉得很骄傲。

247. 你和妈妈约好到时间就写作业，你一直都很遵守约定。

248. 谢谢你给爸爸留了这么多好吃的，爸爸特别高兴。

249. 谢谢你提醒妈妈要带伞，不然妈妈就该感冒了。

250. 谢谢你帮妈妈去买了药，妈妈现在觉得好多了。

用感谢式的语言把客观事实描述出来，会激发孩子内在的动力，孩子会乐意去做更多。同时，这些鼓励也会让孩子感到"被尊重"和"被需要"，产生有能力做到的力量感。

如何鼓励悲观的孩子

 情景展现

　　期末测验的试卷发下来了，瑞瑞没有像往常那样掏出试卷向妈妈报喜，而是有点儿失落地坐在书桌前。

情景分析

悲观的孩子习惯关注事物的负面，他们常常说："我不行""我太笨了""我不会""我做不到"。知名心理学家马丁·塞利格曼认为，决定一个孩子乐观还是悲观，关键在于孩子是哪种思考模式。而这种思考模式，很容易受父母消极的教育方式影响，比较常见的如下。

1. 批评教育

有些父母批评孩子的时候容易口不择言，比如孩子没考好，张口就说："你真是笨到家了，照这样下去，还考什么大学？真是一无是处！"若孩子长期接受批评，就会在心里给自己贴上"我很笨"的标签，进而认为自己什么都做不好。长此以往，悲观的性格就形成了。

2. 夸大结果

有很多父母习惯夸大事实，比如，孩子吃东西快，就斥责说："怎么吃这么快！呛到气管里，就要动手术把气管切开。"又如，孩子爬楼梯快了点儿，就说："慢点儿，万一从楼梯上摔下来，会把腿摔断的。"孩子会把父母的话牢牢地记在心里，一旦出现类似的情景，就会自动想到严重的后果。父母对行为后果的无限夸张、扩大，只会限制孩子的行为，让孩子变得悲观。

3. 否定式教育

孩子想去和别的小朋友玩，却听到家长说："你太小了，他们会欺负你的。"孩子想学跳舞，却听到家长说："算了，你那么胖，根本不适合学跳舞，你会被人嘲笑的。"如果孩子从头到尾听到的都是否定的话，他怎么可能会乐观？意大利幼儿教育家玛利亚·蒙台梭利指出，孩子都是热情的观察者，非常容易被成人的行为所吸引，并且模仿。

如何鼓励孩子再试一次

251. 踩高跷的确很危险，但我们可以想办法避免摔倒。

252. 别怕！有教练在这儿保护你，你下次不会摔倒的。

253. 我们调整一下姿势，再试一下看看。

254. 这个高度确实有点儿高，我降低点儿，你再试试吧。

255. 刚才的准备不充分，现在我们重新再来一次。

256. 第一次做不好很正常，你想不想再来一次？

257. 一次没考好没关系，后面还有机会，咱们继续努力。

　　孩子的成长过程就是不断尝试的过程，当他想要放弃时，父母不要因为担心孩子受苦就轻易说算了。这时，父母的一句鼓励，便能给他带来强大的力量。

如何引导孩子积极地看问题

258. 下雨了，不能去游乐场了，但我们还有好多好玩的室内游戏啊。

259. 气球爆了，刚刚的声音，是不是很像鞭炮？

260. 夏天淋雨回家，是不是感觉好凉快？

261. 你的玩具汽车坏了，幸好哥哥帮你修好了。

262. 你的白色裙子脏了，不过妈妈帮你洗干净了。看，和原来一样新！

263. 人家不和你玩也没关系啊，你可以再去找别人玩，说不定玩得更好。

　　当孩子做错事，父母要理解他，也可以尝试引导孩子思考这个最坏的情况是不是在可接受的范围内，然后再思考怎么做能避免最坏的情况发生。

怎样鼓励孩子拆解有难度的任务

264. 这篇课文有点儿长，让我们数数一共有多少段，你要不先背一段试试看？

265. 这个奥特曼拼图太大了，我们先来拼它的头部。

266. 这 100 道计算题，我们先写 10 道吧。

267. 把你的杯子对准水龙头，这样就不会洒了。

268. 先把上衣摊平，然后把左边的袖子折起来，再把右边的袖子折起来。

269. 我们先来看看这道题讲了什么，再来看它问什么。

把大任务拆分成小任务，孩子的心理负担就会变轻，积极性和主动性会更容易被调动。

如何鼓励孩子，提高孩子的自信心

270. 我觉得你很符合比赛的要求，要对自己有信心。

271. 你看你这么高，打篮球肯定是可以的，应该会被选进篮球队的。

272. 你可是咱小区的"金嗓子"，要是报名参加歌唱比赛，一定能拿个名次。

273. 上次围棋比赛你不就赢了吗？这次你也可以试一试。

274. 你这么聪明的小脑袋瓜，我相信你一定可以成功。

275. 你现在知道了自己的问题，以后肯定不会再犯了。

孩子流露出悲观的情绪，是因为对自己没有自信心。父母指出孩子的优点和长处，提高他们的自信心，他们在遇到困难时就不会退缩，能够在逆境中勇往直前。

启发式问题，鼓励孩子主动思考

 情景展现

妈妈在厨房做饭，女儿小巧在写作业。妈妈在厨房十几分钟，被小巧喊了五六次。

 情景分析

孩子遇到困难时，父母总是想帮忙解决，或是希望孩子按照自己提出解决方案严格执行，但许多父母会发现，孩子对自己出谋划策的好意并不"领情"，反而十分抗拒。

面对油盐不进的孩子，父母最终只得动用恐吓威胁的"大杀器"，诸如"再考不好你就没学上了""再吵架就罚你俩去门外站着"等。这样的方式不仅无法解决问题，还会打击孩子的自信，甚至起到反作用。

面对这种情况，父母不妨思考一下：为什么孩子会如此抗拒？父母提出"你得多做题""你再复习复习"，其实是在给孩子传递一种"不信任"的暗示。孩子对这种从父母的话语和态度间流露出来的信息非常敏感，当他察觉到父母话语背后的暗示时，自然会反感、抵触，也就不会去关注自己应如何改进了。

父母要想正确引导孩子，可以运用启发式提问的方式，让孩子自己想出合理的解决办法。

启发式提问，即通过询问的方式启发孩子自行思考，而不是直接告诉或命令孩子应该怎样做。用这种方式既可以向孩子传达父母对他的信任，又可以锻炼孩子独立思考和解决问题的能力。

心理学家维果茨基提出了"最近发展区"的理论，该理论认为儿童的发展有两种水平：一是现有的水平，即儿童能够达到的运用已有能力独立解决问题的水平；二是儿童通过父母或更有经验的伙伴的帮助可能达到的潜在的发展水平，也就是发展的潜力。最近发展区，即"儿童独立解决问题的实际发展水平与在成人指导下或者在与能力更强的同伴合作解决问题的潜在发展水平之间的差"。在"最近发展区"内，儿童的发展主要通过与成人的交往来实现，启发式提问就是其中一种实用的教育方法。

父母运用启发式提问，可以调动孩子的积极性，培养其创造性，使其发挥自我潜能，锻炼独立解决问题的能力。孩子通过父母的正向引导可以发展个人能力，直到超过"最近发展区"，达到下一阶段的发展水平。

夸孩子这样说

怎样鼓励启发孩子思考解决方法

276. 你觉得怎样才能把数学学好呢？

277. 你希望能提高数学成绩，那怎么做才能达到目的呢？

278. 反复涂改会使卷面显得脏乱，你想怎样才能改进呢？

279. 这页字写得不够整齐，怎么才能写得又整齐又好呢？

280. 让你背的古诗，你觉得怎样才能把它记住呢？

281. 每次写作文就卡壳，你想过怎样才能克服吗？

282. 你们总是为了玩具吵架，那你能不能想个解决方法呢？

　　遇到问题时，父母要克制自己习惯性的斥责，保持耐心和好奇心去观察孩子由问题引发的思考和下一步的举动，并及时给予引导。

如何鼓励孩子自己去解决问题

283. 电视只有一台，我先把它关掉，你们商量好了，我再开。

284. 我不希望看到你俩因为看电视吵架。你们如果能在 5 分钟内商量好，我就把遥控器给你们。

285. 我给你们 10 分钟，希望你们能够用和平的方式解决问题。

286. 都冷静一下，我相信你们有能力处理好这件事。我现在有事离开一会儿，希望我回来的时候，你们已经解决好了。

287. 两个人抢一个玩具，谁都玩不好，那么办才好呢？

288. 姐姐想做自己的事情，你又想让姐姐陪你玩，有没有解决办法呢？

　　表现出对孩子足够的信任，让孩子自己去想该怎么办，孩子们会各自想出办法，最后一定能得到双方都满意的结果。

如何启发孩子自己得出结论

289. 之前数学还是 90 分，这次却是 80 分，这是为什么呢？

290. 上次你默写单词还是不及格，这次为什么及格了呢？

291. 昨天小明不是还和你玩吗？怎么今天他就不理你了呢？

292. 刚喝完冰可乐你就肚子疼，你觉得是为什么呢？

293. 你同桌和别人打架受了伤，你对这件事有什么想法吗？

294. 你和同学半小时就把教室打扫干净了，为什么这么快呢？

　　通过提问引导孩子自己思考事情的前因后果，从而得出结论，而不是对他们进行说教和命令。

如何激发孩子的求知欲

295. 木头和铁钉放进水里以后，为什么一个浮在水面，一个沉入水底呢？

296. 大海为什么是蓝色的呢？咱们去网上找找答案。

297. 鸵鸟为什么不能飞？咱们来看看这本书上是怎么说的。

298. 车轮都是圆形的，为什么它不是方形和三角形的呢？

299. 你说为什么天上的云掉不下来呢？

300. 你不是想问还有没有另一个地球吗？这个问题目前还没有答案，希望你能够研究出来。

　　提出问题，孩子的求知欲会在思考中被激发出来。

从小鼓励孩子做家务

 情景展现

吃完饭，妈妈收拾餐具，让女儿小敏帮忙擦一下桌子。

情景分析

有一项很有趣的调查表明，目前我国城市家庭的独生子女中，有 10% 的孩子从来不做家务，有 47% 的孩子平均每天只进行 1 到 10 分钟的劳动。其实不仅城市孩子，现在农村孩子做家务的也越来越少，甚至出现了许多连自己的衣服和袜子都不会洗，只能打包寄回家让父母洗的大学生。父母在孩子小的时候不愿让家务活儿耽误其学习的时间，导致了孩子长大后自理能力极差，离开了父母就不知该怎么办。

父母不愿意孩子做家务的原因通常是心疼孩子，觉得孩子上学已经很累了，学习压力那么大，家务活儿就不需要孩子操心了。结果，每当学校组织大扫除，许多家长就开始担心："擦玻璃爬得太高，摔下来怎么办？""沾了凉水会不会着凉感冒啊？""在家都没干过活儿，在学校他也扫不干净地啊。"……

更有父母认为，孩子的任务就是学习，担心做家务会影响孩子的学习。他们要么把家务全部包办，连叠被子、洗袜子都帮孩子做了，或者干脆请保姆或买扫地机器人来做家务。事实上，做家务能促进孩子主动学习，提升成绩。中国教育科学研究院调查发现，爱做家务的孩子比不爱做家务的孩子成绩更优秀。教育学家苏霍姆林斯基曾说："在学校工作的十几年经验使我相信，劳动在智育中起着极其重要的作用。"

哈佛大学曾做过一项跟踪调查，结果发现，成功的人往往拥有很强的自立能力，且都是从小时候就能够独立完成各种琐碎的家庭事务开始的，比如帮父母买东西、整理房间、收拾床铺等。

还有父母不愿孩子帮忙，是认为孩子年龄尚小，帮忙也是"帮倒忙"，还不如不帮。这是对孩子的不信任，是对他们学习能力的一种否定。这样做，虽然可以减少麻烦，但是会扼杀孩子的积极性。

让孩子做家务，不仅可以让孩子更注意维护自己的劳动成果。而且可以培养孩子的责任心，锻炼孩子的自理能力。

夸孩子这样说

孩子的劳动成果如何鼓励

301. 我正要去拿筷子，发现你已经帮我摆好了，谢谢！

302. 多亏有你帮忙，我们可以提前开饭了。

303. 你学得真快！我只是稍微指导了两句，你就会了。

304. 现在我们可以把你洗好的菜下锅啦！

305. 有你把鸡蛋和牛奶放进冰箱，就省了妈妈的事了。

306. 你把盘子洗得那么干净，就像新的一样啊。

307. 你帮妈妈擦干净了洗手间的水盆，真是太好了。

对孩子的劳动成果要给予肯定和鼓励，就算刚开始做不好，也不要抢过来替他做。只有给孩子机会去锻炼，他做家务的能力才能得到提升。

怎样鼓励孩子避免失误

308. 这里刚才没有扫到。你从阳台那里挨着往这边扫就好了。

309. 餐桌下有菜汤，落上灰就扫不掉，得拿湿布擦一下。

310. 没关系，我们用笤帚来清理一下，以免割破手。

311. 下次把杯子抓紧一点儿就更好了。

312. 盘子和碗太重，你拿不动，你只要把用完的筷子放进水槽里就行了。

313. 这花不需要浇太多的水，等它完全干透再浇水就好。

孩子缺少做家务的经验，父母可以通过提醒，或是给建议，帮他完成。

如何鼓励孩子从分内的事情做起

314. 看你把自己的书桌收拾得多干净啊，这样在桌子上看书也很舒服。

315. 把你所有的书都放回书架上，它们就都找到家了。

316. 把你的衣服和袜子放进柜子里，需要时就不会找不到了。

317. 鞋子放在鞋架上，你要出门时一下子就能找到。

318. 被子拿到阳台晒一晒，可以杀灭细菌。

319. 整理好书包，就不会因为找不到书被老师批评了。

从孩子力所能及的小事开始，孩子就会慢慢喜欢上做家务。

如何用选择取代逼迫

320. 衣服还没叠，地还没扫，你想做哪个呢？早点儿做完，带你去玩。

321. 我要收拾房间，还要做饭，你要是能帮我把厨房收拾了，我就可以快点儿给你做饭了。

322. 你不是喜欢玩水吗？那你是想要洗衣服还是刷碗呢？

323. 今天全家大扫除，有三项供你选择，拖地、擦玻璃或者收拾柜子。

324. 你不想早点儿吃上糖醋鱼吗？你去帮妈妈把盘子洗干净，或是把锅刷干净。

325. 浇花和扫地，你可以选一样，做完就可以去玩了。

给孩子选择，可以避免孩子拒绝。

正确鼓励，锻炼孩子的胆量

情景展现

小宇坐在滑梯顶端，不敢往下滑，妈妈站在下面鼓励他。

情景分析

很多孩子在接触新事物时，既好奇又害怕，就会表现得十分畏缩。这时，有的父母会说："别人都行，怎么就你胆小？""你能做到的，别做胆小鬼！"或者一直鼓励孩子"试试，你一定行""你很勇敢"等。

父母本想激励孩子，孩子却会因为害怕令你失望而畏缩不前，结果事与愿违，让孩子更加胆小，甚至怀疑自己的能力。而当得不到积极的反馈，自卑感就会萌生，更加不敢去尝试，最终形成恶性循环。

孩子不敢尝试多半是因为畏难情绪。所谓"畏难情绪"就是孩子在面对困难时，产生的一种恐惧心理。有畏难情绪的孩子会将自己遇到的困难无限放大，同时低估自己的能力，缺乏面对困难的信心、勇气，选择逃避、抗拒现实。在畏难情绪的影响下，孩子习惯于否定、放弃自己，严重时还有可能情绪崩溃。

"畏难情绪"不是无缘无故产生的。首先，和孩子的自尊有关。比如，在进入幼儿园后，有些孩子看到同龄人会做很多事情，非常轻松快乐，但他自己却做不到。孩子也有自尊心，当孩子觉得自己比别人差劲时，为了维护自尊心，他就会找借口逃避"太难了，我做不到""我不想做""我不喜欢"……

其次，和父母对待孩子错误的态度有关。很多父母在看到孩子做错之后，就会立刻纠正他的错误，顺便批评、打骂一番。孩子担心挨批评，就会产生"畏难情绪"，害怕犯错。

其实，在孩子面对挑战犹豫不决时，父母在旁边静观其变，就是对孩子最恰当的帮助了。通过挑战认识自己，并产生勇气，是孩子成长的必由之路。

夸孩子这样说

怎样鼓励孩子战胜恐惧

326. 我理解你的心情，我小时候第一次滑滑梯时也一样又害怕又兴奋。如果你暂时不敢滑，我们休息一会儿再来怎么样？

327. 狗狗是人类的好朋友。你看，我可以这样摸它。

328. 它不会伤害你，你害怕的话，我们就站在这里看它好吗？

329. 第一次游泳都会紧张，只要按照教练教的去游就没事。

330. 你不用害怕小朋友不和你玩，也许他们正想来找你呢，快过去找他们吧。

331. 这个池子里面都是海洋球，你跳进来也不会受伤的。

332. 过马路一点儿也不危险，只要你注意红绿灯就行。

当孩子害怕某个事物时，父母不要强迫他立刻去尝试，应当给孩子一点儿时间去接受和适应，但也不要立刻放弃，而要有耐心地多鼓励孩子几次。

如何鼓励孩子与服务人员互动

333. 开水喝完了，你能帮我去找服务员来加点儿吗？

334. 我们没有喝汤的勺子，你能去要一个勺子吗？

335. 我不太懂这些糖果的区别，你可以去问问店主吗？

336. 不知道从这个门走对不对，你去问问那边那个叔叔好吗？

337. 你帮妈妈找前台阿姨要个杯子，记得要说"谢谢"。

338. 如果你还想点些菜，可以找服务员把菜单要过来。

给孩子创造机会，在日常生活中的细节和小事上接触外界的人和事，展示自己，开阔眼界，有助于提升孩子的交流能力和自信，让孩子变得勇于尝试。

怎么鼓励孩子表达自己的想法和感受

339. 这个新学校怎么样？你和老师、同学相处得如何？妈妈想听你说说。

340. 爸爸批评了你，你是不是很委屈？能和妈妈讲讲吗？

341. 爸爸想让你参加学校的演讲比赛，想听听你的意见。

342. 我和妈妈打算把家搬到外地去，你觉得怎么样？

343. 刚才爸爸的朋友过来了，你觉得这位叔叔怎么样？

344. 听说你和同学吵架了，能说说是怎么回事吗？

孩子学会表达自己的想法和感受，可以提高他们的表达能力和口才，还能更自信地面对陌生人。

如何鼓励孩子独立做决定

345. 这是你的房间，你想把它刷成什么颜色？

346. 美术和舞蹈这两个兴趣班，你可以自己决定上哪个。

347. 明天妈妈不在家，你想吃什么，可以自己做。

348. 如果你不想再和小明做朋友，妈妈支持你的决定。

349. 明天你不想去公园的话，妈妈可以带你去别的地方。

350. 这两条裙子你只能买一条，你可以考虑一下再决定。

让孩子学会独立地做决定，不仅能锻炼他们的思考能力，让他们有更多的自主权和责任感，还能让他们更自信地面对未知的事物。

鼓励孩子为自己的错误负责

 情景展现

妈妈下班回家，发现放在桌子上的保湿乳被打碎了。妈妈就把儿子小伟喊过来。

 情景分析

孩子犯错是很常见的，但有些孩子犯错之后会下意识地把责任推给他人或一些客观原因。比如，考试没考好，孩子会找各种借口："这次的题太难了。""老师上课讲得太快。""大家都考得不好……"这些借口说的都是别人的原因，而很少有孩子自我反思。

有相关调查研究的结果显示，60%以上的处在成长阶段的孩子有推卸责任的习惯。不过，这并不代表孩子的人品存在缺陷。孩子惯于推卸责任，可能有以下两个原因。

一是孩子被过度溺爱。比如，跟随爷爷奶奶等老一辈人成长起来的孩子，从小就是家里的"小皇帝""小公主"。不论他们做错了什么事，老人们或出于疼爱心理，或认为孩子还小不懂事，往往会为他们寻借口开脱，甚至有些老人直接帮孩子揽下烂摊子。久而久之，这会导致孩子不愿意承担自己的错误，一遇到问题就习惯性地将责任推给别人。

二是孩子从前犯错时会主动承认错误，但认错后仍会受到父母严厉的批评甚至惩罚。比如，孩子在认错后，父亲为了让他记住这次教训不许他吃饭，或者是给予一定的体罚。这些做法都会让孩子惧怕再次主动承认错误。这类孩子推卸责任往往是出于自我保护，害怕受到父母的责罚，所以撒谎否认自己犯错。

有一个9岁的男孩，回家乘电梯时调皮地把每个楼层按钮都按了一遍。父母得知此事后，考虑到孩子的行为给邻居带来了不便，于是让孩子写了一份检讨书贴在了电梯门口。

教育孩子为自己犯的错误负责，有助于培养孩子的责任心，让孩子成长为一个独立、有担当、拥有健全人格的人。父母在教育孩子的同时应当以身作则，当自己犯错时要勇于承担错误并积极改正，为孩子做好表率。

夸孩子这样说

孩子主动认错如何给予肯定

351. 我很高兴你主动向我认错，我原谅你了。

352. 虽然你打碎杯子让我有点儿不开心，但你敢于承担责任这一点很值得表扬。

353. 既然你已经认识到了自己的问题，我相信今后你会改正的，下次考试一定能够进步。

354. 如果你能够通过这次考试纠正自己的错误，那么我认为这次考砸了，我们还是有收获的。

355. 虽然今天你和同学打架，但是你现在能主动认错，这一点还是好的。

356. 这个花瓶虽然很贵，但你主动承认自己不小心将它打碎，我就不多批评你了。

357. 你和弟弟吵架，责任不全在于你，不过你能主动向我们承认自己的问题，还是值得表扬的。

父母应对孩子主动认错、勇于承担自己责任的态度予以表扬，而非惩罚，以此来消除孩子对认错的恐惧，这样孩子就不会因害怕受到责骂而推卸责任。

如何引导孩子为自己的错误负责

358. 是你把教室的窗户打破了，这个责任是不是该由你来负呢?

359. 这是由于你的个人原因爽约的，如果他生你的气，你可以诚恳地向他道歉并解释，请求他的原谅。

360. 我相信你不是故意的，你可以想一想怎么补救，把自己的办法告诉你的同学，征求他的意见。

361. 既然是由于你的错误弄脏了同学的衣服，那么你就有责任处理自己造成的结果。你有什么好想法吗？

362. 你刚才吃橘子，把地板弄脏了，赶快用拖布把地板上的果汁擦干净吧，不然一会儿就不好擦了。

363. 你赖床半小时耽误了时间，今天你和姐姐就不能去郊野公园了，你要和姐姐道歉哦。

鼓励孩子为自己的错误负责，孩子自己想办法解决问题或是去道歉寻求原谅的过程，就是让孩子学会为所犯的错误负责。

怎样引导孩子避免重蹈覆辙

364. 妈妈知道你不是故意把碗摔碎的，不过你下次拿碗前可以先把手擦干，免得手滑。

365. 杯子装了热水，会比较烫，希望你下次拿杯子时小心一些。

366. 你前一天可以早点儿睡，这样第二天就不会起不来了。

367. 要是不想爽约的话，你可以和同学说，请他等一下，等你想好了再回复他。

368. 下次姐姐拿玩具时，你可以和她商量，可不可以先给你玩，或是她玩一会儿再给你，这样就不会吵架了。

369. 以后每天出门前检查好自己的东西，就不会忘带东西了。

有时孩子犯错，是因为不知道怎么做才是正确的。父母把正确的做法告诉孩子，能够避免同样的错误再次发生。

孩子不懂换位思考如何鼓励

370. 我想如果你的朋友答应了你一起去玩却没来，你也一定会很失望或生气，对吗？

371. 如果你是那个人，被别人推了一下，你会有什么感受呢？

372. 要是别人把你的东西弄坏了，还是你特别喜欢的东西，你也会特别生气对吗？

373. 如果你是那个玩具，别人把你随便扔在地上，还踩两脚，你是什么样的心情呢？

374. 假设你爸爸心情不好，就打你一顿，吼你两句，你是不是觉得很难过呢？

375. 如果有一天，你给妈妈买了好吃的，妈妈却很嫌弃，你会不会特别伤心？

孩子学会换位思考，就能代入到对方的位置和情景之中，他们才能理解父母为什么会批评他们。

通过鼓励培养孩子的时间意识

 情景展现

妈妈今天加班，回来都八点多了，发现女儿小芸的作业还没写完。

情景分析

我们似乎总是面临这样的问题：孩子写作业拖拉，早晨爱赖床，没有时间观念，常常迟到……这些现象十分普遍。父母为了解决这些问题也付出了许多努力，诸如为孩子制订时间计划，严格计算孩子做某件事的时间，到点就像"人型闹钟"一样提醒孩子该做什么。然而，这样的方法往往见不到明显的成效，常常是父母越催，孩子越慢。

为什么会出现这种现象呢？《合理安排时间》一书中提出的理念给了我们答案：孩子拖延，并不是因为叛逆或不听话，而是由于父母一直帮助孩子管理自己的时间，孩子没有管理时间的自主权。

如果父母把时间的支配权还给孩子，让孩子自己做主，孩子做事自然会更有积极性、主动性和自律的意识。

把时间的管理权交给孩子，其实就是把属于孩子的责任还给孩子。比如，孩子赖床迟到的责任，还有作业写不完的责任，本就该由孩子承担，但父母总是不由自主地揽在了自己身上，所以才会在孩子起床和写作业的事上表现得比孩子更着急。把责任还给孩子，孩子才会开始思考："要想按时交作业，我该怎么做？""要想不迟到，我该怎么做？"孩子时间管理的主动意识由此产生。计划形成后，不用催，孩子会自动执行，因为他们已经从内心里认可这是自己的事。

对学龄儿童而言，如果他们无法随年龄的增长合理地管理自己的时间，那么他们在学习上就会遇到越来越多的困难。

也有父母认为，孩子还小，哪里会管理时间？实际上，这只是父母的一种错觉，源于父母对孩子的不信任。作家多萝茜·里奇曾说："通过训练，父母甚至可以帮助刚学走路的孩子学会独立管理自己的时间，这样他们就无须不停地催促和帮助孩子们做事情了。"

父母的终极目标应该是帮助孩子建立起"自律系统"。不过，时间管理的训练需要循序渐进，不可能一蹴而就。积极的鼓励比惩罚更有效。

夸孩子这样说

孩子不会自己安排时间如何鼓励

376. 开学前恶补作业很辛苦。你可以制订一个作业计划。

377. 放假时可以好好玩几天，后面最好安排个学习计划。

378. 周末要是都在床上躺着，也没有意思呀。你想过一个有意义的周末吗？

379. 你来计划一下，让我们过个酷炫的周末怎么样？

380. 你可以先休息一会儿再学习，多长时间由你来决定。

381. 我觉得你可以比较一下各科作业的难易程度，然后再安排先后顺序。

382. 这个小长假你想怎么过呢？希望你能安排好。

如果父母能够正确引导孩子自己制订计划，那么他在执行的过程中就会变得积极主动，同时也能体会到更多成就感和快乐。

孩子在规定时间内完成任务，如何赞美

383. 你能在两小时之内完成所有作业，速度真快。

384. 每次你都能在规定的时间里写完作业，这点值得表扬。

385. 每天 10 点前，你都能写完作业，还能预习明天的功课，你能和你弟弟分享下你的经验吗？

386. 宝贝，你总能准时做完家务，这一点让妈妈很佩服。

387. 你的时间管理能力真的很强，每次交给你的事情都能准时完成，太好了。

388. 能在规定时间里答完试卷，你就能取得好成绩。

教导孩子在有限时间内完成任务，可以提高他们的效率，还能培养他们时间管理的能力，高效地利用时间。

孩子做事不拖延怎么赞美

389. 从起床、刷牙、穿衣服、吃饭到出门，你只花了 30 分钟，速度真快啊。

390. 写作业时你能专心致志，都不需要我们催你了。

391. 最近你洗澡都控制在半小时，妈妈要表扬你。

392. 能把地板擦得又快又亮，不愧是"家务小能手"。

393. 昨天说今天 8 点出门，你果然做到了，真厉害。

394. 你干活的速度都快赶上妈妈了，真是麻利。

当孩子做事不拖延、不磨蹭时，父母鼓励和支持他们，孩子就会更有动力。

孩子守时如何赞美

395. 宝贝今天上学特别积极，没有迟到，妈妈奖励你小红花一枚。

396. 这一个学期，你都能坚持不迟到，真是太难得了。

397. 你总是提前 10 分钟出门，这点做得比我们好，我们要向你学习。

398. 守时说明你有责任和担当，妈妈觉得很欣慰。

399. 昨天出门，你能提醒我们不要迟到，说明你长大了。

400. 在守时方面，你是咱家的榜样。

鼓励孩子不迟到，能够培养他们的时间观念，让他们更懂得支配时间。

鼓励孩子努力练习新技能

情景展现

　　爸爸带小健学习骑自行车，但自行车的辅助轮卸掉之后，非常不好掌控，小健连续摔倒好几次。

父母们希望孩子"赢在起跑线上"的心态不仅限于学习成绩,而是体现在方方面面。看到孩子在幼儿园的同班同学已经能够表演唱歌,而自家孩子说话都还有些不利索;邻居家的孩子已经学会骑自行车,而自家孩子尚不能摆脱辅助轮;亲戚家的女儿 3 岁就能背很多首唐诗,而自家孩子 5 岁了,却连一首唐诗都背不全……父母内心就会焦虑,于是会忍不住逼着孩子去学,结果不能如愿,内心就更加焦虑。

意大利幼儿教育家蒙台梭利博士曾说:"孩子有与生俱来的生命潜能。"不过,每个孩子的成长速度不同,对同一个技能的习得也很自然地会有先后之分。

比如,两个孩子学骑自行车的经历可能会完全不同:哥哥的习得过程可能是一波三折的——6 岁时未学会,7 岁时再学,直到 8 岁才彻底学会;而弟弟可能在 6 岁时只花了一天的时间就学会了,可见不同孩子的成长速度有很大不同。

父母的过度焦虑会传染给孩子,让孩子产生自我怀疑。例如,孩子本身就因背不下来古诗而感到沮丧,这时父母不加以安慰和鼓励,反而还"火上浇油",对孩子表达失望和不满,甚至以"比你年纪小的孩子都会背了"这种话来试图激起孩子的胜负欲。殊不知,这非但不能帮助孩子尽快掌握技能,反而只会让孩子跟着一起焦虑。在父母焦虑和批评的话语中,孩子的自信心会受到极大打击。久而久之,孩子会越来越不敢去做,越来越做不好、做不对,最终形成自卑心理。

父母"揠苗助长",也许能让孩子一时超越他人,自己内心也能获得暂时的满足,但长远来看并不是一件好事。"天才神童"魏永康 4 岁完成初中课程,8 岁入读县重点中学,13 岁高分进入湘潭大学物理系,17 岁被中科院破格录取,20 岁时被中科院劝退,理由是缺少生活自理能力。

孩子在学习新技能的过程中遇到了障碍,父母不要急于求成,更不能强迫孩子立刻学会;可以先让孩子放下,等过一段时间再进行尝试,要给孩子成长和发展的时间。

夸孩子这样说

如何在鼓励的同时避免勉强

401. 慢慢来，不用着急。你这次比上次多骑了一米，已经是很大的进步了。

402. 如果你不想学了也没关系，过段时间等你想练时咱们再继续。

403. 我知道你真的很努力，但可能记忆这首诗对现在的你来说还有一定的难度。

404. 不用着急，你现在已经会写诗中所有的字了，我相信你早晚能背下来的。

405. 你能对音乐感兴趣，妈妈已经很意外了，你可以多尝试一些乐器再决定学习哪一种。

406. 你以前总是没耐心，这次能坚持一个星期，确实让妈妈对你刮目相看。

孩子对某项技能感兴趣，并且愿意尝试时，父母要支持并鼓励他们，但是不要刻意勉强，以免引起反感，让孩子产生厌恶情绪。

孩子缺乏耐心如何鼓励

407. 不急着立刻学会，但学习使用筷子是很有必要的。宝宝长大了，就不能一直用勺子吃饭了哦。

408. 现在我们还是需要带纸尿裤睡觉，不过如果你觉得自己长大了，不需要带了，我们可以慢慢养成睡前上厕所的习惯。

409. 晚上睡觉时，如果你想上厕所，可以随时叫醒爸爸妈妈，或者把灯打开自己去。

410. 学钢琴是一件长期的事情，妈妈相信你有这个耐力。

411. 没有人天生口才就好，只要多加练习，你也能在大家面前演讲。

412. 什么事情都是从零开始的，爸爸小时候写字也学了很久才写好，咱们不要着急。

413. 对你来说，英语是一门新的语种，你可能会不习惯，咱们可以先从听英文歌、看英文电影开始。

414. 刚开始学什么东西都是这样的，一点一点地学，只要坚持，就能掌握。

在孩子的成长过程中，需要不断学习新技能，比如孩子需要学习用筷子吃饭等。在这个过程中，不要着急，耐心一点儿引导和鼓励，才能让孩子尽快掌握。

如何给孩子提供支持

415. 来，看爸爸妈妈是怎么用筷子的，你可以慢慢练习。

416. 洗袜子并不难，你看，在衣服上面涂上些肥皂，搓一搓，然后放在水里漂一漂就干净了。

417. 其实滑冰并没有你想得那么难，明天爸爸带你去冰场，咱们找教练学习一下怎么样？

418. 凭你聪明的脑袋，学几天就能会了，来，跟爸爸一起做。

419. 这个字不太好写，你先看妈妈是怎么写的。

420. 学钢琴要找个好的老师指导，这样你才能尽快入门，你觉得呢？

父母可以给孩子提供一些学习的机会，让他们去学习新的技能和知识，发展自己的潜力。

孩子害怕挑战如何鼓励

421. 钢琴班的老师说你现在的水平可以尝试去考级了，怎么样，敢不敢试试呢？

422. 我看你们班上有个同学下围棋很不错，改日有空你们可以切磋一下。

423. 咱们社区要举办儿童舞蹈大赛，你学了那么久的舞蹈了，也展示一下呗。

424. 如果有人想和你比一比，你可以试试，输赢不重要，重要的是你可以取长补短。

425. 你们学校不是要开运动会吗？你可以报名参加足球比赛，能认识新朋友，还能和大家切磋球技。

挑战可以让孩子进步和成长。父母鼓励孩子接受挑战，能让他们学会克服困难，还能激发他们的斗志。

爱因斯坦曾说，最重要的教育方法是鼓励学生去实际行动。心理学上有个"标签效应"。当被打上负面的标签，孩子就会变得自卑。相反，如果给孩子更多正面的、积极的评价，孩子做事会更主动，也更有成就感。

Part 3

多肯定少否定，
提高孩子的成就感

孩子取得好成绩，为他开心并给予肯定

 情景展现

　　盼望好久的拉丁舞比赛的结果终于出来了，萱萱高兴地拿着奖杯和奖状，冲进家门。

当孩子取得好成绩，兴高采烈地跑到父母面前，没有得到表扬和肯定，而是遭到打击，试想哪个孩子能承受？

换位想一想，当你兴高采烈地拿着熬夜写出的方案交给领导，满心期盼着得到好评，却被领导告知"重新做"，你的内心是不是也有些失望？再多的热情也被浇灭了，更何况，孩子的承受力远不如成人。

那么，习惯泼冷水的父母会给孩子带来哪些影响呢？

1. 浇灭了孩子尝试的勇气

给孩子泼冷水的次数多了，会造成孩子"习得性无助"。所谓习得性无助是指，在反复尝试一件事却无法获得成功时，就会形成一种思维定式，即"我多努力都没有用"，进而放弃尝试，哪怕能得到好的变化，也不愿意再做出尝试。父母对孩子一次次的泼冷水教育，最终会让孩子患上习得性无助，失去尝试的勇气。

2. 打击了孩子的自信

孩子在尝试做某件事成功的时候，心情是兴奋、愉悦的，同时自信满满。当他们渴望得到父母肯定的时候，得到的却是否定，甚至嘲讽，这会直接影响孩子做事的信心。

有网友在微博上坦言，自己小时候在家庭聚会上唱歌，妈妈则嘲笑她"唱得太难听了"，结果她再也没有当众唱过歌。即使长大以后，回想起这件事，内心依然觉得很受伤。

来自父母的打击，所造成的伤害效果不只在当下。它会贯穿漫长的岁月，像一根针一样扎进孩子的内心，不管任何时候，碰一下，就会疼。

在不少父母眼里，给孩子泼冷水，说到底还是"为了孩子好"。这对单纯的孩子来说，实在是太难理解了。既然爱，那就用爱的语言表达出来。

夸孩子这样说

孩子有了进步，如何表达肯定

426. 恭喜你孩子，你真的很厉害！

427. 看到你取得这么好的成绩，爸爸妈妈感到很高兴。

428. 你的努力得到了回报，我们为你感到骄傲和自豪。

429. 你这次考试的进步非常大，真是太厉害了。

430. 这次舞蹈比赛你的表现真是太棒了。

431. 上次还是第十名，这次都第八名了，你的进步真快啊。

432. 之前你说这次考试要提高 10 分，现在你做到了。

对孩子的成绩表示肯定和祝贺，让孩子感到自己的付出是有回报的。

孩子取得成绩如何庆祝

433. 为了你这次的好成绩，咱们全家庆祝一下。

434. 一分耕耘一分收获，孩子，今天你取得了这么好的成绩，我们向你表示热烈的祝贺。

435. 恭喜我们家的小宝贝取得了好成绩。

436. 这次歌唱比赛你能杀出重围，获得一等奖，真的是很不容易，爸爸妈妈要给你鼓掌。

437. 虽然你在围棋比赛中只得了二等奖，可这也值得庆祝，有了第二才能有第一嘛。

438. 没想到宝贝舞蹈跳得这么好，为了未来的舞蹈家干一杯吧。

　　父母和孩子一起庆祝他们的成功，既是分享，又是认可，还能给孩子信心。

孩子被夸奖，如何表达认可

439. 感谢您对孩子的肯定，他肯定会更加努力的。

440. 女儿取得这么好的成绩，都是她平时认真学习的结果。

441. 看他取得这么好的成绩，我也感到很高兴。

442. 他之前的学习成绩一般，不过这次进步了很多。

443. 你这次考试提高了 30 分，能分享一下你的经验吗？

444. 谢谢您的夸奖，我们会继续努力的。

　　当孩子受到表扬，父母要表达认同，毕竟，相比其他人，孩子更在乎父母的看法。

孩子想放弃，如何鼓励

445. 虽然学芭蕾舞很辛苦，但想想你天鹅舞的梦想，还是值得坚持的。

446. 天才在于积累，弹钢琴也一样。

447. 爸妈相信，你会更加努力，取得更好的成绩。

448. 你这次攀岩爬到了最高处，说明你有坚定的信念。

449. 只要有付出就会有回报，以后保持这种学习的劲头，成绩一定会更进一步的。

450. 成功不是偶然的，我们知道你付出了多少，这次你也知道了付出的好处，以后希望你加倍努力。

　　智慧的父母，会说服孩子努力坚持一件事，而不是任凭孩子随意放弃。

孩子叛逆期，多多肯定他的看法

情景展现

毛毛用零花钱买了一堆明星小卡片，爸爸觉得他就是在浪费钱。

情景分析

在孩子的成长过程中，一共会经历三个叛逆期。第一个叛逆期：2～3岁；第二个叛逆期：7～9岁；第三个叛逆期：12～18岁。

叛逆期的到来说明孩子的身心发展到了一个新阶段，孩子有了自己的想法，常有固执、易怒、焦躁不安、喜欢钻牛角尖的表现，很难沟通。

父母都想在孩子面前树立权威，认为孩子不听话就是不尊重自己，甚至会想象孩子未来会成为一个没礼貌、不懂尊重他人的人。尤其是父母辛苦工作了一天，回到家孩子再和自己唱反调：你说该吃饭了，他偏不吃；你说该睡觉了，他偏不睡；你说不能玩游戏，他偏玩……分分钟就能把父母激怒，父母甚至失去理智，用过激的行为对待孩子。

虽然每个孩子都会经历叛逆期，但不是每个孩子的叛逆程度都一样。有的孩子能平安渡过，而有的孩子却和父母发展到不愿多说一句的地步。其中，父母的态度是关键。换言之，孩子处于叛逆期，父母的一些行为会激化孩子的叛逆情绪。

首先是以家长的姿态禁止。很多父母认为，孩子处于叛逆期，不得不多加控制。实际上，父母过多干涉和限制，才是造成孩子叛逆的重要原因。父母越是禁止孩子去做某件事，孩子越是想去做。压制力越强，反抗力越大。

其次是责骂。孩子的心思终归是单纯的，无法从父母的批评里感受到爱。父母越是批评他，他越是反感，越要和父母对着干，最后形成恶性循环。

最后是体罚。虽然棍棒教育并不提倡，但现在的孩子挨打也并不鲜见。尤其是在父母气得火冒三丈，又无计可施的时候，体罚在所难免。因为体罚至少能让孩子暂时听话。这时候的父母，已经顾不上管孩子的心里是怎么想的，至少从表面上看，孩子已经偃旗息鼓，乖乖受罚了。事实上，背后藏着的暗流，一旦暴发将不可收拾。

父母和孩子斗，是没有输赢的。因为当父母压制住孩子的同时，也意味着孩子的心已经离你而去。

如何对孩子的观点给予支持

451. 小明穿的那双球鞋确实好看，你是想要我们给你买双一样的吗？

452. 你说你现在每个月需要更多的零花钱，我们想先听听你的意见，你想要多少？

453. 你觉得成功人士都是靠自己的努力付出得来的，爸爸也认同这一点。

454. 小红学习不太好，可是你却更愿意和她在一起，能说说为什么吗？

455. 老师批评你上课不遵守纪律，你觉得老师不公平，你能说说这是为什么吗？

456. 妈妈给你买的裙子，你都没穿过，是觉得不好看还是穿起来不方便呢？

457. 你觉得上学没什么用处，不如早点儿工作。你这么想肯定是有原因的，能告诉爸爸是为什么吗？

肯定孩子的想法，能让孩子有一种被尊重、被信任的感觉，也能打开和孩子交流的通道。孩子以后遇到问题，就会先想到和父母沟通。

如何对孩子的决定表示支持

458. 你想买几本小说，没问题，不过，你要把自己的时间安排好，否则你就没有时间看小说了。

459. 如果你确定不想学舞蹈了，那妈妈也不勉强你了，明天就去把课程退掉。

460. 你的梦想是以后当网络主播？这说明你对自己有信心，不过这个职业想要做好，也很不容易。

461. 你想做职业游戏玩家？这听起来挺酷的。你能给妈妈详细说说吗？

462. 你长大了，和谁交朋友是你的自由，爸爸妈妈不会干涉你，但希望你能做到心里有数。

463. 既然你想自己保管压岁钱，那我们就都交给你了，不过你要做好规划，不要乱花。

对于孩子的决定，不要过早下结论，也不要贴标签。对他们的决定表示尊重，能让孩子感到被理解和重视，让亲子关系更和谐。

孩子不听话时如何协商

464. 以后买衣服，你和妈妈一起去，买什么衣服妈妈可以给你意见，最后的决定还是由你来做。

465. 等你看完这本漫画，我们就出发去奶奶家，怎么样？

466. 爸爸妈妈以后每个月多给你20元零花钱，不够的话，你可以再提出申请。

467. 这样好不好？你再去一次绘画班，如果你确实不喜欢，妈妈就把课程退掉。

468. 咱家这个月的预算已经超了，你想买的新书包，妈妈下个月再给你买，行不行？

469. 我们很高兴你有了自己的主意，但是希望你在做决定之前能和我们商量一下，毕竟你还没有成年。

沟通时，尽可能地以理服人，不要以命令的口吻进行，那样只会让孩子更加反感。我们应先给予孩子尊重，然后才能从孩子那里得到尊重。

孩子不想说的时候，不问

470. 我知道你现在心情不好，不想说话。妈妈也累了，我们都先休息吧。

471. 爸爸知道你没考好，心情不好，今天给你放个假，爸爸带你出去玩一天。

472. 妈妈像你这么大时也喜欢过一个男生，不过那并没有影响我的学习，我想你也可以做到。

473. 你长大了，也有了自己的秘密，我们不会强迫你说出来，但是希望你有了困惑记得来找我们。

474. 如果你不想和我们分享心事，可以和你的朋友说说，心里能够轻松一点儿。

475. 妈妈永远支持你，你想倾诉的时候，妈妈会随时欢迎你。

当孩子不想说话时，不妨给他时间和空间，等他愿意说的时候再聊。

孩子耍赖，先肯定他的情绪，再解决问题

情景展现

犇犇和妈妈逛超市，路过玩具区，他就不肯走了，摸摸这个，捏捏那个。

撒泼耍赖是孩子惯用的伎俩，不给买想要的玩具，打滚；不让看动画片，哭闹；不让吃零食，撒泼。

孩子耍赖，尤其是在公共场所躺地上打滚，扯着嗓子大喊，会让父母特别恼火。通常我们都会觉得孩子被惯坏了，却忽略了孩子耍赖背后暗藏的原因与父母回应孩子请求信号的态度有很大关系。比如，回应得是否及时？是否正确？

回应并非只是答应孩子的需求，回应还包括对未被满足的欲望的安抚和削减。当孩子的需求得不到满足，情绪也得不到安抚时，孩子就会用他认为有效的方法——耍赖，来"要挟"父母答应自己的请求。

当然，在孩子选择使用耍赖的方式"要挟"前，一定是熟悉"要挟"这种方式，或者说深知"要挟"的威力。比如，每次一打滚，父母就跑过来，第一时间满足了自己的需求。这种办法如此卓有成效，孩子当然会常常使用。

那么，孩子是从哪里感受并且学会"要挟"的呢？常见的情况是，父母要挟过他，或者经常要挟他。只不过父母的要挟不是耍赖撒泼、满地打滚，而是强词夺理、横眉怒目、恐吓威胁，甚至直接拳脚相加。因此，孩子学会了耍赖，严格地说是升级的耍赖。

当下很流行的一种应对孩子耍赖的方式就是视而不见，等孩子自己觉得无趣的时候，自然会停止耍赖，但这种回应真的好吗？耍赖的孩子心理上本来已经受到了伤害，父母要做的不是假装看不见，恰恰应该是去回应，回应他的诉求，回应他的需要。这不等于要去满足他的无理要求，而是让他感受到：你的需求我看到了，我很理解你，也想满足你，但确实做不到，我真的很抱歉。说到底，即使是拒绝孩子，也要给予足够的尊重和理解，避免让孩子觉得很受伤。

夸孩子这样说

孩子不配合，先肯定再引导

476. 看电影的确不能少了爆米花。但你嗓子发炎了，医生说不能吃膨化食品，等你嗓子好了再吃吧。

477. 没有给你买玩具，我知道你很不开心，要是你看见别的小朋友像你一样，是不是也会很反感？

478. 娃娃很可爱，但这周的额度已经用完了，只能下周再买。

479. 我知道你很喜欢这个玩具，但这个是小姐姐的。

480. 我知道你很喜欢小姐姐的玩具，我们可以下次再来和小姐姐一起玩呀。

481. 我看你已经写了一半了，写完就能痛痛快快地玩个够了。

父母可以引导孩子学会设身处地为他人着想，别人喜欢的玩具被拿走会不开心的，进而懂得不是自己的东西，不能随便拿走。

孩子情绪不好，如何表达理解

482. 你想要变形金刚，妈妈没给你买，所以哭了是吗？

483. 下次如果你想要什么东西，你好好和妈妈说，妈妈会好好考虑，好吗？

484. 妈妈拒绝了你，你要是难过的话，可以哭一会儿。

485. 不让你吃冰激凌，妈妈知道你不高兴，现在你先冷静一下。

486. 你要是心情不好，可以在这里待一会儿，妈妈陪着你。

487. 你可以回自己房间待会儿，等你心情好点儿，咱们再说。

当孩子的情绪平复下来，可以安抚孩子的情绪，表达自己的理解和宽容。

孩子耍赖如何温柔安抚

488. 妈妈也想让你高兴，可是吃冰激凌会让你拉肚子。

489. 我爱你，但不能满足你这个要求。我们想想其他的解决方法。

490. 不给你买玩具，不是不爱你，而是因为你的玩具太多了。

491. 妈妈知道上学很辛苦，不过你不上学，将来怎么实现自己的理想呢?

492. 妈妈不给你买零食，是不想让你长得太胖了。

493. 妈妈也想满足你，可是那玩具太贵了，妈妈很抱歉。

当孩子耍赖的时候，也是最需要爱的时候，这时可以帮他建立良好的安全感。

孩子没乱花钱怎么夸

494. 这次去超市，你按约定买了一样东西，妈妈很高兴。

495. 你不贪图一时消费的快感，这是很难得的自控力。

496. 被拒绝后，你没有哭闹，这是很大的进步。

497. 你把节省下来的钱存了起来，这就是理财。

498. 你知道了什么钱该花，什么钱不该花，这就是节俭。

499. 你学会了规划零花钱，真了不起。

500. 你学会了节俭，这是美德。

这些积极的反馈不仅可以鼓励孩子继续保持好的习惯，还可以帮孩子养成良好的消费习惯。

孩子拒绝分享，积极引导不强迫

情景展现

　　雯雯的表弟来做客，妈妈让雯雯带他去玩。表弟喜欢雯雯的一个飞机模型，雯雯不肯给他玩。

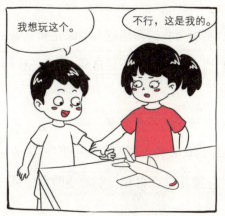

 情景分析

"这些都是我的""你们不准碰""你不能吃我的东西"……孩子总是喜欢"独霸"他所喜欢的东西。当孩子开始认识到"我""我的东西""我要"的时候，父母会发现很难从他手中"骗取"东西，他会把食物或者玩具紧紧地攥在手里，眼睛则非常警惕地盯着你。如果你试图忽视他的独占欲，他就会号啕大哭以示抗议，弄得你不知所措。

对于刚上幼儿园的孩子来说，他们刚有了物权意识，但还不能站在对方的立场考虑问题，所以很容易脱口而出："这是我的水枪，我爸爸给我买的，你想玩，让你爸爸给你买啊。"

父母往往会为此感到尴尬、难堪。这是因为我们在用成人的眼光和立场来评价孩子的行为，认为这是自私的表现。严格来说，这并不是自私，这只是每个孩子成长路上的一种表现。

但有些父母并不理解孩子的心情，对于孩子的不爱分享，碍于面子，命令孩子去分享。比如，"你不能这么自私，把你的玩具和小朋友分享一下""大方一点儿嘛！懂得分享的孩子，才是好孩子""你要是这么自私，别的小朋友就都不和你玩了"。

迫于无奈，孩子可能会听从父母的建议，不情愿地和别人分享了他不愿意分享的玩具。但这会让孩子搞不明白为什么自己的东西要分给别人，感觉自己的东西随时都会被抢走，非常没有安全感。强制分享也会让孩子产生另外一种想法，即我的东西被抢走了，那我是否也可以用这种方法去抢别人的东西呢？

实际上，孩子不喜欢与他人分享，是因为在他看来分享就是失去，而失去总是令人感到不舒服。父母要做的就是让孩子认识到，分享不是失去，而是另一种快乐的得到。

夸孩子这样说

孩子不愿分享，鼓励孩子表达内心的想法

501. 你可以不和小朋友分享小汽车，但你能告诉我原因吗？

502. 刚才莉莉和你分享了娃娃，你的魔法棒为什么不愿意分享呢？

503. 妈妈当然希望你能和弟弟一起玩你的篮球，但是如果你不愿意，妈妈也不会怪你。

504. 妹妹很想玩你的娃娃，不过，要是你不想给她玩，你可以和她说，让她去玩别的玩具。

505. 每个人都有东西不愿意和别人分享，你不用不好意思。

506. 东西是你的，你有决定权，我们不会强迫你。

507. 分享能给人带来很多乐趣。爸爸妈妈希望你能学会分享。

508. 你们可以想一想，要不要互相交换自己的书呢？

分享的前提是平等和主动。父母要让孩子知道他们对于自己的物品具有决定权，当他们感受到平等和自主时，才有可能激发出分享的意愿。

如何夸奖孩子的分享行为

509. 今天你把积木拿出来和小朋友一起玩，妈妈很开心。

510. 懂得把自己的东西分享给别人，你真棒。

511. 你愿意和小朋友分享你的零食和玩具，是个小绅士。

512. 你是个很有分享精神的小朋友，大家都觉得你很可爱。

513. 每次看到你和小朋友分享自己的东西时，我都感到特别骄傲。

514. 分享是一种美德，你这么小就懂得分享，真的很难得。

515. 妈妈看到你能把自己喜欢的东西分给别人，这一点连妈妈都做不到，妈妈要向你学习。

516. 今天你能主动把自己的娃娃给小妹妹玩，妈妈很开心，奖励你一个棒棒糖。

517. 你和彤彤分享漫画书，彤彤妈妈一直在夸你呢。

批评永远达不到预期的效果，但表扬可以。当孩子自愿分享自己的东西时，父母一定要及时称赞、表扬，激励他们积极主动分享。

如何引导孩子感受分享后的快乐

518. 上次姐姐分享给你一颗糖吃，你是不是很开心？

519. 今天你分享给果果一颗糖，她肯定也很开心，对吧？

520. 分享是一种快乐，你这么快乐是不是因为分享呢？

521. 大家都喜欢和爱分享的孩子做朋友，你是不是很快乐呢？

522. 把玩具给朋友玩，他玩得很高兴，你是不是也很高兴呢？

523. 把玩具交换一下，你们俩不就都能玩到两个玩具了吗？

524. 大家分享零食，你们是不是都能吃到很多好吃的了？

525. 你和同桌互相交换自己的漫画书，每个人不用多花钱就能看到两本书，这就叫互惠互利。

太功利的父母会把分享看成交换，而抹杀了分享的本意。让孩子体会分享的乐趣，孩子才会爱上分享。

孩子犯错，用正面评价代替批评

 情景展现

家里来了客人，妈妈让小秋去储藏柜里拿几个新盘子。小秋满口答应，打开储藏柜，一下子拿出了五个盘子。

情景分析

　　父母越是爱孩子，越是不能容忍孩子犯错，正所谓"爱之深，责之切"。于是，孩子一犯错，父母张嘴就是批评指责。有时候，父母并没有意识到，情急之下，自己的批评只是为了发泄心中的怒火。

　　一个孩子到了超市就要求买零食，孩子的妈妈火了："你怎么就这么馋呢？一天到晚就知道吃，要是学习这么用心就好了！"这是妈妈在发泄对孩子吃零食的不满情绪。

　　在校长办公室里，一位父亲被告知，他的儿子和别人打架，把别人打伤了。气急败坏的父亲，踹了儿子一脚，说："会打架了？看我今天不教训你！"这是爸爸在发泄自己因为儿子犯错而被叫到办公室的怒火。

　　心理学上有个情绪 ABC 理论，A 代表诱发性事件，B 代表个体对诱发事件产生的看法、解释，C 代表产生的情绪和行为结果。我们通常认为情绪和行为结果是直接由 A 引起的，即 A 引起了 C。ABC 理论则指出，A 只是引起 C 的间接原因，直接原因是 B，即人们对诱发性事件所持的看法。

　　也就是说，父母情绪的失控往往不是由于孩子的行为引起的，而是由于对孩子行为的看法。比如，孩子又写错字了，你生气的不是这个错字，而是觉得孩子永远都这么马虎。

　　为了发泄情绪，把矛头指向犯错的孩子，不仅无法让孩子认识到自己的错误，还会伤害孩子的自尊心。

　　导致孩子犯错的原因有很多，可能是有意为之，也可能是无心所致。父母不应只顾发泄情绪，而应该寻找孩子犯错背后的原因，以便给予孩子正确的引导。正确的批评应该包括：就事论事、确认可罚性以及如何改正错误，这才是批评的意义。

夸孩子这样说

如何正面鼓励孩子

526. 老师说你上课回答问题很积极，她特别喜欢听到你响亮的声音。

527. 老师说你提出的问题很有意思，都是他从来没想到的，很有价值。

528. 你的解题思路总是很有创意，看来你是认真思考过的。

529. 你的作业本总是很干净，字也写得很漂亮，让人看了第一印象还是不错的。

530. 你的数学题每一步都写得很仔细，说明你的思路还是很清晰的。

531. 你每天都坚持读书，这份毅力十分难得。

532. 提高学习成绩可以一步一步来，我相信你一定可以做到。

给孩子正面的鼓励，孩子就会受到正面积极的暗示，催生出更多自信和能量："原来我数学没有那么差""我可以把作文写得更好"，从而突破自己，取得进步。

如何用赞美代替批评

533. 刚才妈妈批评你，你立刻就停了下来，说明你很听妈妈的话。

534. 你能知错就改，可以意识到自己的问题就是个好孩子，妈妈为你感到高兴。

535. 这次的数学考试有点儿难，你能考这个分数，我还挺惊喜的。

536. 你看小说看到这么晚，看来你是很喜欢看书了，我之前还担心你不爱看书呢。

537. 你的数学成绩差，语文成绩好，说明你还是有努力学习的能力的。

538. 打碎了碗不要紧，说明你热爱劳动，只是做家务时没有经验罢了。

孩子也渴望被尊重和认可，用赞美代替批评，孩子会更愿意听父母的话，能让孩子变得更加积极。

孩子表现不如意，怎么用肯定的表达加建议

539. 你积极回答问题的表现很不错，要是下次能想好了再回答就更好了。

540. 考前看看小说挺好的，可以放松一下。不过距离考试还有两天，你可以把错题集再看一遍。

541. 你的作业写得挺快的，但是，我建议你写完以后再检查一遍，这样会更好。

542. 你总是能主动完成作业，从来不让我们担心，我们只是想提醒你，以后把各科作业的时间安排好。

543. 你和同学的关系不错，不过，我们希望你不要受到别人的坏影响，也去做不好的事情。

544. 你不喜欢这个老师，我们理解你的心情，可是为了这个耽误了学习是不是得不偿失呢？

一边打击一边命令，会让孩子更加叛逆。肯定孩子的行为，再给出建议，孩子才更乐意听。

如何对孩子表达感受和期望

545. 昨天你骗妈妈去同学家写作业，结果是和同学去打游戏，妈妈觉得很难过。以后你想玩时就直接告诉妈妈，好吗？

546. 你的数学只得了 30 分，爸爸妈妈生气是因为担心你成绩不好，影响学业，不过我们还是对你有信心，希望你能努力。

547. 听到你和同学打架，妈妈非常担心，怕你受伤。以后有矛盾，先用语言解决可以吗？

548. 妈妈知道你逃课，害怕你在外面出事，以后有问题你能不能先和妈妈说说？

549. 你刚才对着我大喊大叫的样子，让我很难受。我希望你以后有事情可以好好和我说话。

550. 老师说你偏科有点儿严重，我们担心会影响你以后升学，希望你在学文科的同时，也不要放弃不喜欢的理科。

父母对孩子表达出自己对孩子错误行为的担忧、愤怒等，让他们感受到父母的心情，同时向他们表达期望，不但能给予他们信心，还能让他们知道该如何改善。

不愿去学校，爱上学的孩子是夸出来的

情景展现

早上，妈妈准备送安安去上学，安安却磨磨蹭蹭不肯出门。

情景分析

　　孩子刚上学的时候，对学校生活充满向往，每天干劲十足地收拾书包，积极写作业。一段时间后，孩子过了新鲜劲儿，反而觉得上学辛苦，易产生厌学心理。

　　对于孩子而言，他们在心理上还把自己当成一个小宝宝，只想去做自己喜欢的事情。上学意味着他们要学会长大，要遵守学校的规矩，回家还要做作业……这让他们很难适应。因此，很多孩子一提到上学，就十分排斥。

　　当孩子不想上学时，父母不要着急打骂，先找到他不愿意上学的原因。有的孩子厌学，是因为他们不清楚学习是为了什么，他们认为学习不是为了自己，而是为了父母。在这种情况下，孩子很容易对学习失去兴趣。有的孩子成绩不好，又无法得到提高，时间久了，这样的孩子也很容易厌学。

　　父母过高的期望值，会给孩子带来很大的压力，有的孩子因为无法承受就逃避上学。有的孩子则是因为和老师、同学产生矛盾，对学校产生抵触心理。

　　孩子不想上学是有原因的，父母只有先了解孩子不想上学背后的原因，才能更好地帮助他们。相比不问缘由地直接批判孩子，倒不如多花点儿时间耐心地与孩子沟通，问问他们是不是遇到了什么烦恼才不愿意上学。

　　如果孩子刚开始上学就反抗去学校，有可能是存在分离焦虑，父母可以好好安抚孩子，等孩子适应以后就不会再排斥上学。有的孩子可能是在学校受到了欺负才拒绝去上学，如果遇到这种情况，父母一定要及时介入，与孩子一起去解决问题。

　　孩子不爱上学，是一种普遍存在的现象。父母想要让孩子喜欢上学，体察和引导很关键。

孩子积极上学时怎么夸

551. 你一早就准备好书包，是不是迫不及待想要去上学了？

552. 一说到上学你就这么积极，看来上学对你来说是种享受。

553. 你是不是感觉学习充满了乐趣，所以特别喜欢上学呢？

554. 还有好几天才开学呢，你现在就把文具和书本准备好了，真是太积极啦。

555. 你这么热爱学习，爸爸也要向你学习了。

556. 希望妹妹将来上学也能像你一样积极。

557. 不管学得怎么样，你好学的精神还是很值得表扬的。

558. 宝贝上学从来不用催，让我们很省心。

559. 妈妈看你每天愉快地去上学，特别欣慰。

560. 上学这么积极，想必你在学校过得很不错。

561. 你每天都能乖乖去上学，妈妈觉得这一点特别好。

562. 我还担心你不愿意去学校呢，看来我多虑了。

563. 学习是有点儿枯燥，可是你一点儿都不厌学，这很好。

　　孩子对上学表现出积极的态度时，父母可以通过赞美和鼓励，进一步加强孩子的正面情绪，激励他们热爱学习。

孩子喜欢老师和同学时怎么夸

564. 老师教了你很多知识，你很喜欢老师对不对？

565. 老师每天照顾你们很辛苦，你是不是应该感谢老师？

566. 你是不是特别喜欢上数学老师的课，所以数学学得好？

567. 你的班主任特别关心和爱护你们，我也很感谢他。

568. 你现在能懂这么多道理，都是老师教得好。

569. 每天都能看到喜欢的同学和老师，是不是很开心？

570. 能在班上交到好朋友真不错，妈妈为你感到高兴。

571. 你是不是每天都希望和同学们在一起？

572. 能不能告诉妈妈，你同学身上哪一点你最喜欢？

573. 经常和优秀的同学在一起，你也会变得优秀的。

574. 你每天都去上学，才能看到你的那些好朋友啊。

575. 你和同桌要互相学习，互相照顾，这样才是好朋友。

　　如果孩子表达出对老师和同学的喜爱，父母可以好好夸奖孩子，趁机加深他们对于学校的喜爱。

肯定式教养，培养自觉自律的孩子

情景展现

　　飞飞是个"起床困难户"，每天早上家里都要上演一场"战争"。一边是父母大声催促，一边是他磨磨蹭蹭起床穿衣。

 情景分析

适度的提醒能够正确引导孩子，但过度的唠叨则会让孩子反感，效果适得其反。有孩子说："我妈真的烦死了，一天到晚唠唠叨叨，没完没了。放学我都不想回家。"另一个孩子说："我也是，上次我考了99分，我妈还埋怨我没考满分，唠叨一整天！我当时真想晕过去，我受够了。"

心理学上有个效应叫"超限效应"，指刺激过多、过强或作用时间过久，就会让人不耐烦或者逆反。效应的来源是：马克·吐温在听牧师演讲时，开始觉得挺好，打算捐款。10分钟后，他感到有些不耐烦了，决定捐点儿零钱算了。又过了10分钟，牧师还在喋喋不休，他干脆决定不捐了。

正所谓"杯满则溢"，教育孩子时，说得越多，孩子越不爱听，表现越差。这也是孩子磨蹭的重要原因，你说得越多，孩子越烦，越不想做，最后越来越依赖你的唠叨，失去了做事的积极性和主动性。

唠叨作为一种暴力沟通方式，是一种不尊重人的语言模式。不断叮嘱，不断提醒的背后，伴随的是对孩子的不信任和责怪，这很伤孩子的自尊。

此外，父母在唠叨的时候，只是在单方面输出自己的情绪和看法，根本不是好的沟通模式。一旦孩子想要表达自己的看法，就会被父母强制性地压回去。长此以往，孩子干脆沉默不语，但负面情绪都被积压在心里，终究有一天会彻底爆发。

父母要仔细观察孩子的日常表现，把寻找进步和夸奖孩子作为切入点。夸奖和鼓励不仅能让孩子感受到自己的行为得到了认可，还能激发他们的自律意识。而且通过对孩子进步的夸奖，能够让孩子知道，通过努力，他们可以做得比从前更好。

孩子做到了，怎么夸

576. 最近都是你自己完成作业，妈妈不需要盯着你了。

577. 每天晚上完成作业后还要预习，你做到了。

578. 我们约定每天看电视不能超过 1 小时你做到了。

579. 这一周你用手机的时间每次都没有超过半小时，说明你很有自制力。

580. 闹钟响了你就起床了，为你点赞。

581. 今天你完成作业之后才看动画片，你很棒。

582. 你喜欢跳舞，坚持三年，没有请过假，我很佩服你。

和孩子制订一个协议，并且把相关的约定写下来，既能让他们严格遵守规定，又能时刻给他们提个醒。

如何表达对孩子的信任

583. 你是求上进的好孩子，妈妈相信你能做到。

584. 学习应该由你自己来规划，我们信任你。

585. 从今天起我们不再盯着你了，希望你能管好自己的学习。

586. 你已经不是小孩了，妈妈相信你能照顾好自己。

587. 从今天开始，你就是个独立自主的大人了，恭喜你啦。

588. 我们家孩子终于长大啦，不用我们操心了。

父母对孩子的信任，可以让他们学会为自己负责。

孩子的改变如何夸奖

589. 自从有了这个闹钟，你每天都能按时起床了。

590. 自从每天 10 点入睡，你起床就没有那么困难了。

591. 你列的计划表看起来很合理，既能完成作业，又不耽误休息。

592. 你再没有熬过夜赶作业了，说明规划的作息时间很合理。

593. 我看你把不会的题空着，留到明天去问老师和同学，这个习惯很好。

594. 这个学期，你再也没有忘记过带课本，你很用心！

父母可以给孩子一些建议和方法，说的时候，语气不要太生硬，以免适得其反。

如何鼓励孩子做出选择权

595. 你可以选择晚睡一会儿，但是转天你起晚了，就不能在家里吃早饭，只能在路上吃了，你愿意吗？

596. 如果你动作太慢，爸爸就来不及开车送你，你只能跟妈妈一起坐公交车了。

597. 写作业和看电视，你可以决定先做哪个，后做哪个。

598. 先写作业，再复习，时间你可以自己安排。

599. 数学作业和语文作业，你打算先写哪一个呢？

600. 你可以选择看会儿漫画，或是看会儿电视。

总是强制要求孩子完成父母的规定，会引起孩子的反感，不如在一定的范围内给予他们选择权，并且让他们知道每种选择的后果。

不要等孩子变得优秀了，才去夸奖孩子，而是要在孩子还不够优秀的时候，就去发现孩子的点滴进步，对孩子进行夸奖和鼓励，让孩子变得更优秀。当孩子得到越来越多的成功体验时，孩子的感受就会越来越好，从而产生积极向上的心态。

Part 4

正向夸奖，培养孩子的好习惯

怎么夸，让孩子主动放下手机

情景展现

亮亮非常喜欢玩手游，有时候玩起来都能忘记吃饭。这天，亮亮放学回家也不写作业，将书包往沙发上一扔就直接点开了手机的游戏界面。

情景分析

很多父母把电子产品视作洪水猛兽，另外一些父母，将其作为哄娃神器，图的是自己省心。这两个极端都是不可取的，在寻求正确的解决方法之前，我们需要先来了解一下导致孩子成为"手机控""平板控"的原因，以便对症下药。

第一，父母自己电子产品不离手。

父母对电子产品的痴迷，自然会影响正处于好奇阶段的孩子。我看手机，你去阅读，这样的双标，永远也无法奏效。而且，当父母只关注手机，孩子也会因为受冷落而愈加沉迷于电子产品，或者在网络上寻求寄托。

第二，游戏本身的吸引力。

游戏本身就具有强大的吸引力，但这并非是不能抗拒的，因为对孩子来说，还有更多比游戏更有趣的事情。比如，亲子游戏、绘本阅读、户外活动等。只要父母愿意，总是能有办法将孩子从电子屏幕前吸引走。

另外，使得游戏本身具有强大吸引力的原因还有一点，那就是父母的禁止。越不让玩越想玩，而当父母允许孩子玩，甚至陪玩的时候，得到满足后的孩子反而不会沉迷。

第三，孩子本身自制力不足。

科学家研究发现，人的自控力是大脑前额叶掌控的。而一个人在26岁之前，前额叶一直都处于发育中。所以说，由于发育尚未成熟，孩子本身的自制力是不够的，尤其很容易受身边同伴的影响。

不过，自控力也是可以从小引导和培养的。比如，孩子写作业坐不住，父母首先要表示理解然后适当引导，"我知道你很想出去玩，但玩的时候总还是要惦记作业，如果写完再去玩，就能玩得更痛快了"。

夸孩子这样说

对孩子玩手机的行为表达理解

601. 感觉累了的时候，可以玩一会儿手机。

602. 你想玩一会儿游戏放松一下，妈妈特别理解你。

603. 你最近学习的压力很大，需要放松一下。

604. 喜欢玩手机不是你的错，妈妈也喜欢。

605. 你经常玩的这些游戏和软件都是由团队研发出来的，所以你是在和他们这些游戏和软件的设计团队作斗争。

606. 想要不沉迷手机真的很困难，不过这不应该是你自己的事情，爸爸要和你一起面对。

607. 手机里有什么好玩的吗？你来教教我怎么玩？

父母告诉孩子愿意和他一起面对手机的问题，可以扭转孩子因为沉迷手机而产生的无能感。

孩子主动放下手机怎么夸

608. 你能主动放下手机，说明你有自我控制的能力。

609. 你确实不会因为玩手机耽误写作业。

610. 看来手机没有影响你的学习，你能告诉妈妈你怎么做到的吗？

611. 真没想到你能这么自律，妈妈真开心。

612. 你每次看完手机都能自觉地放下，值得表扬。

613. 刚才说好就玩30分钟，你果然说到做到。

父母看见孩子主动放下手机的行为，并且夸奖孩子自律，相当于给孩子一份认可，让他们相信自己能够管理好手机。

约法三章鼓励孩子表达自己的意见

614. 你对于玩手机这件事是怎么看的？你觉得每天看多长时间比较合适呢？

615. 你觉得是先玩手机好呢，还是先做作业好呢？

616. 爸爸想听听你打算怎样合理地使用手机。

617. 你想没想过让手机成为你的好帮手，而不影响你的学习和休息呢？

618. 你可以自己定一个手机的使用规则。

619. 今天爸爸妈妈把手机的使用规则写下来贴在墙上，上面有奖惩原则，希望你不会犯规。

约法三章的内容要保证简洁，同时父母自己也要以身作则。

如何鼓励孩子用别的活动替代手机

620. 今天和同学玩得挺愉快的吧？是不是比窝在家里看手机有意思？

621. 没想到你能把足球踢得这么好。

622. 这字写得真不错，回头给咱家写副对联吧。

623. 谢谢你吃完饭以后能陪着妈妈出来散步。

624. 博物馆最近有很多有趣的活动，你要不要去看看？

625. 游乐场里人真多啊，你看大家玩得多欢乐啊。

当孩子沉浸在户外运动、游戏这些有趣的事情中时，就会放下手机了。

怎么夸，让孩子乖乖起床

情景展现

周一早晨，妈妈喊妞妞起床。但她实在太困了，嘴巴嗯了一声，转过身又睡了。

妈妈看在眼里急在心里，直接开启了催促模式。

"我们快迟到了"，这种表达方式是出于"惩罚"机制的心理，想要通过可能到来的"惩罚"让孩子长记性。大量研究表明，提示孩子严重后果的"威胁"，作用并不大。即使父母告诉孩子的严重后果是合情合理的，但只要让孩子感到威胁，他们就会选择逃避，并拒绝接受。

当喊了几遍后，孩子仍然在被窝里没动静，或者穿衣服磨磨蹭蹭。父母就会怒火直冲脑门，忍不住采用粗暴的方式叫孩子起床，比如，大声喊叫、拍打被子、强行掀开被子等，让孩子迅速清醒。

这种"暴力"叫醒法也许的确能把孩子唤醒，但对孩子的危害也很大。

第一，生理上的危害。

暴力叫醒孩子，让孩子在睡眠中受到突然的惊吓，会严重影响他们的睡眠质量，进而影响孩子的身体和大脑发育。而且，暴力叫醒会让孩子感到很大的压力。

第二，情绪上的伤害。

暴力叫醒方式也会影响孩子的情绪，让他们感到非常生气或沮丧，情绪智商被破坏。孩子会因此变得更容易发脾气，对生活缺乏耐心和信心。

第三，自理能力的伤害。

如果长期使用"暴力"的方式叫醒孩子，孩子会逐渐失去自理能力。他们会变得不会自己安排时间，无法掌握自己的睡眠和起床的节奏。这种自理能力的缺失，会让孩子在未来独立生活和学习中遇到诸多困难。

早晨叫醒孩子，看似是一个小事，但实则对孩子的伤害超过你的想象。因此，我们应该采用科学的方法来叫醒孩子，以减少"暴力"叫醒带来的危害，同时也帮助孩子养成良好的习惯，提高自理能力。

孩子到点不睡如何鼓励

626. 宝宝真是乖孩子，每天到了时间就睡觉。

627. 真是个懂事的好孩子，妈妈喜欢你，好好休息吧。

628. 你是想先洗脸，还是先听故事呢？

629. 10 点啦，我们该做什么啦？是不是该去睡觉啦？

630. 咱们倒数计时，看谁先睡着怎么样？

631. 玩具也要睡觉了，跟他们说晚安吧。

632. 刷完牙，洗完脸，咱们要关灯睡觉了。

鼓励孩子主动入睡，有利于他们养成规律的睡眠时间，到点即睡，同时还能保证睡眠时间的充足。

孩子睡懒觉如何温柔叫醒

633. 妈妈已经做好你爱吃的面包和煎蛋啦，快起床过来吃吧。

634. 要是你不起床，爸爸就把你的蛋糕都吃光了。

635. 看妈妈给你拿的这套衣服，你穿上以后一定是最帅气的。

636. 你昨天起床的表现很棒，妈妈觉得你今天一定会更棒。

637. 起床时间到了，妈妈亲一下，起床喽。

638. 来，让妈妈抱一抱，咱们家的小公主要起床啦。

父母温柔的叫醒方式能让孩子感受到父母的温柔和耐心，让孩子获得足够的安全感，孩子可以开心一整天。

怎样鼓励孩子主动起床

639. 你不想做第一个到学校的人吗？你同学肯定都起来了。

640. 今天你不是说要去爷爷奶奶家吗？他们正等着你呢。

641. 你昨天不是说要去找小明玩吗？迟到了可不好哦。

642. 昨天咱俩约好，你今天不会赖床的，不然你就是小狗。

643. 宝贝，现在是我们说好的起床时间，不可以耍赖哦。

644. 这个礼拜的起床比赛，你可就差这一天就能赢了。

给一点儿诱惑，鼓励孩子主动起床，让他尝尝早起的甜头。

孩子准时起床怎么夸

645. 闹钟一响就能立刻起床，你的自律能力真让我刮目相看。

646. 你今天能按时起床，表现很棒。

647. 每天都能准时起床，真厉害，妈妈真是太佩服你了。

648. 哇，闹钟还没响你就醒了，你比闹钟起得还早啊。

649. 看来你的时间管理做得不错，总能按照闹钟时间起床。

650. 在准时起床上面，你做得比妈妈要好，你能不能说说你是怎么做到这一点的？

当闹钟响后，孩子准时起床，父母的表扬能够对孩子起到引导和激励的作用。

怎么夸，让孩子见人主动打招呼

 情景展现

　　悠悠和妈妈一起出门，电梯里遇到邻居，妈妈推着悠悠的后背，让她喊人。腼腆的悠悠扭捏着没有开口。

情景分析

一旦孩子没有主动打招呼，父母就感觉非常没面子。于是，就会用威逼利诱的方式，强迫孩子与人打招呼，稍不配合，就是一顿斥责。但越是这样，孩子越是抵触，越是不喜欢和人交往。甚至长大了，也不愿意主动交朋友。

为什么别人家的孩子见面就喊"叔叔好""阿姨好"，嘴巴像抹了蜜，而自己家的孩子却怯生生地连头也不敢抬？

一方面，是性格原因。有些孩子天生害羞，属于慢热型孩子，对陌生人通常会抱有强烈的抵触感。另一方面，是孩子成长的必经过程。一般来说，孩子到了第六个月左右，就不愿意让不熟悉的人抱了。这就是所谓的"陌生人焦虑"。

每个孩子都有这个现象，只是由于孩子天性不同，对陌生人的焦虑程度有所差别。在孩子眼里，陌生人和父母是完全不同的两种人，陌生人是带着"危险气息"的。

但父母往往会忽视孩子的这一特点，在父母觉得熟悉的亲友，对孩子来说却是不折不扣的陌生人。父母强迫孩子亲亲热热地和陌生人交流，不仅违背了孩子的天性，还会让孩子逐渐失去警惕陌生人的本能。

但这并不意味着要放任孩子不与人打招呼。和人打招呼、问好不仅是礼貌问题，也是孩子将来必须要掌握的社交礼仪。

其实，孩子并非不懂礼貌，自从幼儿园开始，孩子就已经发展出了社交能力，他们不愿意打招呼，主要是因为和对方不熟，他们做不到对不熟的人，假意熟络。

夸孩子这样说

怎么鼓励孩子主动打招呼

651. 如果你不知道怎么叫对方，可以点头微笑。

652. 你这么可爱，如果可以热情地和大家打招呼，大家会更喜欢你的。

653. 等会儿见到妈妈的朋友，你能和阿姨说"你好"吗？

654. 阿姨都夸你好看了，你可不可以对阿姨说一声"谢谢，你也很好看"？

655. 今天去亲戚家串门，你会看见很多没见过的人，你只要保持微笑，和他们说"你好"就行了。

656. 这是爸爸的同事陈叔叔，跟着爸爸喊"叔叔，你好"。

657. 我们希望你能主动和人打招呼，做个有礼貌的好孩子。

教孩子打招呼的具体方法，可以减轻孩子打招呼的压力。

孩子有勇气开口怎么夸

658. 你不想开口，可以和对方点点头，这样打招呼多简单啊。

659. 你今天会点头和别人打招呼了，妈妈特别高兴。

660. 你主动向阿姨问好，阿姨很高兴，一直和我们夸你呢。

661. 你刚才打招呼时声音很洪亮，大家都能听得很清楚。

662. 宝贝今天打招呼时，脸上一直都有微笑，真是太可爱了。

663. 爸爸发现你看见陌生的长辈时一点儿也不紧张，真不错。

对孩子主动打招呼的做法进行正面的肯定，可以给孩子与人交往的勇气。

孩子礼貌地招待客人怎么夸

664. 今天客人来时，你贴心地帮忙拿拖鞋，表现得真不错。

665. 你能主动和客人打招呼，真是个有礼貌的孩子。

666. 你能帮着妈妈给客人倒茶，人家夸你有礼貌。

667. 上次张阿姨来咱家，你把张阿姨逗得特别开心。

668. 客人走的时候，你能和客人说"再见"，爸爸真是没想到。

669. 你能和人家说"欢迎再来"，这就是热情好客的表现。

父母引导和鼓励孩子主动和客人打招呼，并且做些简单的招待工作，能让孩子在面对陌生人时不再拘谨。

孩子礼貌回答熟人的问题怎么夸

670. 叔叔问你"几岁了"，你回答得很清楚，真是太棒啦。

671. 奶奶问你话，你都认真回答了，妈妈觉得你很有礼貌。

672. 回答别人的问题时，你特别耐心，这点比妈妈强多了。

673. 王奶奶夸你，说你特别大方，简直是个大姑娘了。

674. 不知道怎么回答时，你懂得说不知道，这很好。

675. 爸爸觉得你今天在亲戚家的表现很好，爸爸给你点个赞。

父母的夸奖，能够让孩子知道如何正确地面对别人善意的提问，下次再遇到同样的情况时也能够保持礼貌和教养。

当孩子要放弃时，怎么鼓励

情景展现

　　欣欣想要学钢琴，妈妈花钱给她报了培训班，还斥资给她买了一架钢琴。可是她只上了三节课，就和妈妈说不想学了。

情景分析

　　画画课上了几天，感觉没意思，不想学了。武术学了几天，觉得太累，不想学了。很多孩子无论做什么，都是三分钟热度，开始兴致满满，但没多久就想打退堂鼓。当孩子没有专注力和坚持力时，该如何沟通？

　　孩子会半途而废，可能是因为觉得事情太困难，自己做不到；可能是因为兴趣出现了变化和转移，原先喜欢的事情现在不喜欢了；可能是因为在学习的过程中，不断地重复，让他们感觉很枯燥。

　　有些父母一听到孩子想要放弃，就会严厉地批评孩子，甚至认为孩子将来肯定一事无成。这样虽然能让孩子不得不妥协，但却会引起孩子的反抗情绪，他们会"阳奉阴违"，对于要坚持的事情会更加厌恶。而且，孩子受到父母的消极暗示后，自信心也会严重受挫，更加不愿意坚持。

　　有的父母会拿自己的孩子和别人的孩子作比较，认为孩子应该像别人一样坚持下去。孩子听到这样的话，会对自我产生怀疑和否定，心里的压力也会增大。

　　当孩子流露出想要放弃的意愿时，父母因为心疼孩子就会同意，这会让孩子形成错误的认知，养成做事情有始无终的坏习惯。而且，今后孩子在学习时，遇到困难就想绕着走，很难学有所成。

　　如果父母在面对孩子的情绪时，只是一味地告诉孩子要坚持，孩子会觉得自己没有被理解，认为父母并不在乎自己，可能会导致孩子的情绪崩溃。

　　其实，当孩子说想要放弃的时候，他可能已经努力尝试过了，内心会很沮丧、很暴躁，心理压力很大。父母在这时候不应该用成人的眼光去看待孩子放弃的行为，而是要给孩子减轻压力，并且去鼓励和启发孩子，让他们能够坚持地去做一件事。

夸孩子这样说

孩子情绪不好怎么鼓励

676. 为什么不想学了呢？能和爸爸说说吗？

677. 是不是老师批评了你，让你很不开心，所以你才不想学了？

678. 你可以把心里话告诉妈妈，不管是什么原因，妈妈都不会批评你的，别害怕。

679. 告诉妈妈，你怎么了？是觉得跳舞太辛苦了吗？

680. 妈妈理解你，周末还要去上培训班，都不能玩，真的是太辛苦了。

681. 练习钢琴需要很大的毅力，妈妈要是学钢琴的话，也未必能受得了这么枯燥的训练。

682. 虽然爸爸不会下围棋，但是爸爸知道围棋很难，难怪你现在这么崩溃。

当孩子想要放弃，沉浸在很负面的情绪中时，可以询问孩子想要放弃的原因，和孩子谈论他们的感受，这样才能消除孩子的抵触情绪。

孩子想放弃怎么鼓励

683. 你已经坚持学了一个星期了，其实老师说你是有进步的，你确定现在就要放弃吗？

684. 当初老师说你在音乐方面还是挺有天赋的，就这么放弃了是不是很可惜呢？

685. 刚开始学习一样东西，都要打好基础。练基本功确实很辛苦，可一旦掌握了，后面就会很容易了。

686. 你不是学过达·芬奇画鸡蛋的故事吗？达·芬奇学画画时不是也坚持了下来，才成为名画家吗？

687. 我小时候学过书法，就是因为当时没坚持下来，不然我现在肯定是个书法家了，好后悔啊。

688. 我现在特别庆幸当年学习的时候没有放弃，不然现在哪来的一技之长呢？

和孩子分析放弃的后果，给孩子讲名人坚持的故事，讲述父母放弃和坚持的经历，这些都能够给孩子以启示，让他们在权衡利弊后做出自己的决定。

孩子做事情专注怎么夸

689. 刚才看你弹琴时特别专注，妈妈要表扬你一下。

690. 你刚才画画时很认真，既没有吃东西，也没有走神，一下子就画了一个小时。

691. 妈妈觉得你最近做事情时很有耐心，不会做一会儿就放下了。

692. 妹妹刚才跳来跳去的，也没影响你看书，你的注意力很集中，真厉害。

693. 你搭积木时特别投入，谁都不能影响你，这是个好习惯，希望你能保持下去。

694. 老师经常和我夸奖你，特别坐得住，不像其他小朋友一样，妈妈为你感到骄傲。

培养孩子在做事情时集中注意力，不要被周围环境所影响，有助于孩子的学习，而且也能够增强孩子的耐心。

如何鼓励孩子制订合理的目标

695. 咱们把每天 1 小时的钢琴练习变成两次，每次 30 分钟怎么样？

696. 你可以每天写一篇大字，每周写六篇就好。

697. 长时间画画也很累，咱们就先画半小时吧。

698. 妈妈对你没有别的要求，只要你能跟上老师的课程，达到老师的要求就可以。

699. 如果你觉得困难，咱们可以把目标降低一点儿。

700. 妈妈觉得还是给你换个初级的课程吧，这样你不会觉得太累。

帮助孩子把复杂的任务变得简单，或是适当降低目标难度，让孩子经过努力可以达到，孩子才能拥有坚持下去的信心和动力。

怎么夸，让孩子自觉学习

情景展现

乐乐不喜欢学习，回到家也不爱写作业。爸爸妈妈为此特意在他房间里装了个摄像头，监督他学习。

情景分析

孩子在家学习，妈妈们对孩子的自制力严重怀疑，只能自己辛辛苦苦地盯着。不能在身边盯着的，就在家装个监控盯着。上网课有没有偷偷聊天？课后作业做没做……不敢有一丝一毫的分心走神。

父母越催促孩子越不行动，原因何在？当我们一直催促孩子时，孩子的大脑感受到的是被命令和被控制。然后，大脑做出的直接反应是"拒绝"，而不是"行动"。也就是说，催促收到的结果是本能的抵抗，而且越催孩子越烦，反抗意识越强，根本就不会有什么学习的主动性和积极性。

有教育家认为，催促和命令是不尊重孩子的典型表现，而且这种过度的干涉，非常不利于孩子良好学习习惯的养成。有个小女孩在刚上小学时，也常常会和其他孩子一样因为贪玩而忘记写作业。刚开始，妈妈会忍不住提醒她，但是并没有效果。于是，妈妈就决定不再管女儿，让她自己安排自己的事。

一天，女孩放学回家后先看动画片，然后吃饭，饭后玩玩具、看书，一直没有去写作业。直到该上床睡觉了，她才想起没有写作业。妈妈没有责骂她，而是心平气和地说："你要是愿意今天写，就晚睡一会儿；要是想明天早上写，妈妈明天就提前叫你起床。如果早上也不想写，那你明天就和老师说，今天的作业忘写了。"权衡再三，女孩最终选择了晚睡一会儿完成作业。从那以后，她很少忘记写作业了。

几乎没有比孩子学习，更让父母焦虑的事情了。其实，如果父母能调整心态，明确界限，坚持不打击少指责，就不会发生"陪娃写作业，陪到给心脏做支架"的悲剧了。

夸孩子这样说

孩子主动学习怎么夸

701. 最近你在学习上很自觉，你真的变了很多。

702. 这是你做的学习计划表吗？看起来真不错。

703. 你把每天的学习任务分成了很多小项，这样很方便。

704. 你有了这份计划表，就能充分利用时间了，相信这学期你会过得很充实，达到你的学习目标。

705. 我觉得你的学习计划写得很详细，还留出了机动时间。

706. 我一直担心你不能好好学习，现在看来不会了。

707. 既然你能主动学习，我们不会再管着你学习上的事情了，希望你能管理好自己。

孩子有了自主学习的意识，就能够自行制订学习计划，并且独立完成，不需要父母监督，就能坚持下去。

孩子自觉完成作业怎么夸

708. 每天你都能自觉地把作业写完，这一点特别值得表扬。

709. 不管写得怎么样，你这个主动完成作业的态度是很好的。

710. 我们从来没操心过你的作业问题，你让我们特别省心。

711. 你比别的孩子好很多，最起码妈妈不用看着你写作业。

712. 看我们家的小宝贝多自觉啊，一到家就写作业。

713. 你写作业从来不拖延，说明你是个爱学习的孩子。

作业是孩子学习中很重要的事项。父母的鼓励能够影响孩子对于作业的态度，增强他们学习的动力。

孩子认真上网课怎么夸

714. 刚才看你上课很认真，妈妈对你很放心。

715. 如果你能一直这样认真上课，学习成绩肯定能提高。

716. 我看你听课时很专心，没有看别处，值得表扬。

717. 今天上网课老师说你听得很认真，问题回答得很漂亮。

718. 老师讲课时你一直看着老师，老师让干什么你就干什么，真的很专注啊。

719. 听课那么认真，难怪你的作业经常是满分。

孩子在上网课时，如果父母能够给孩子鼓励，孩子在学习时会更加认真。

孩子克服学习上的困难怎么夸

720. 妈妈看你每天学习很辛苦，怪不得你一直在进步。

721. 你每天 5 点钟就起床学习，我相信你的努力总会有回报的，你要相信自己。

722. 学习的过程很漫长，需要很大的毅力和耐心，但是我想你能够做到。

723. 虽然你的成绩现在还不太好，但是我认为你很有潜力。

724. 不要灰心，一时的失败不算什么，只要努力就可以克服。

725. 不管遇到什么样的困难，爸爸妈妈都会一直支持你的。

父母适时的鼓励对孩子来说是一种支持，能够激励孩子奋发前进。

怎么夸，让孩子不再丢三落四

情景展现

　　小鹏平时常常丢三落四，上学时不是没带书，就是没带本，放学回到家，不是找不到铅笔，就是找不到橡皮。

 情景分析

孩子粗心大意，和他们的注意力不够不集中有关。这样的孩子在做事情时很难全神贯注，在受到外界的干扰时，他们的注意力就无法集中。这可能是由于在早期教育时，孩子的运动知觉没有得到充分发展，导致感觉信息无法传递到大脑。

孩子做运算、抄写时，需要眼睛把看到的信息传递到大脑中，进行整理、分析和加工，这些叫作视知觉能力。如果孩子的视知觉水平和同龄的孩子不同，就很容易出现不仔细的情况。

孩子有时候写错字、写错题，看起来好像是粗心，其实是他们的学习出现了问题，没有真正地去理解所学到的知识、概念和定义，或是习惯了用固定的方式去思考和解决问题。

有的孩子在生活中就比较粗枝大叶，马马虎虎。他们的房间里总是杂乱无章，东西丢得到处都是，经常丢三落四，这样的孩子容易养成马虎、粗心的坏习惯，这些生活习惯也很可能会影响到他们的学习。

对于"马大哈"式的孩子，有的父母会愤怒、指责、打骂，但是说得多了，孩子只会对父母的批评心生反感和抵触。总是指责孩子马虎，无疑是给孩子进行了负面的心理暗示，孩子会认为自己就是一个粗心的人，最后真的变成了一个"马大哈"。

有的父母认为粗心只是无关紧要的小问题，等孩子长大后慢慢就会改掉，这种想法会掩盖孩子在学习态度和能力上的问题。还有的父母为了避免孩子马虎，会经常提醒孩子，这容易导致孩子产生依赖性，更无法养成细心的好习惯。

想让孩子不再粗心大意，父母应该和孩子共同努力，给他们提供支持和帮助，鼓励他们养成正确的学习和生活习惯。

孩子自己收拾书包怎么夸

726. 最近你都没忘带东西，看来你每天都收拾书包吧。

727. 每天我都能看见你的铅笔、橡皮整齐地放在你的铅笔盒里，想用就能拿到，不用到处找。

728. 自从你在放学前整理书包之后，书本是不是就没有忘带过？

729. 我发现你这个每天整理书包的习惯特别好，老师再也不会和我说你忘记带作业了。

730. 谢谢你每天整理书包，我终于不用给你送东西去了。

731. 写完作业，你是不是该把东西都收进书包里，免得明天忘带了？

732. 你的书包整整齐齐的，真是个细心的好孩子。

孩子学会自己收拾书包，就能减少忘带和找不到文具、书本的情况，也能间接地改掉粗心的毛病。

孩子自己整理房间怎么夸

733. 你的书桌整理得不错，这看着多清爽啊。

734. 衣服都收进衣柜里了，省了妈妈不少事。

735. 我感觉你在整理房间上面有很大的天赋，干得不错。

736. 用完的东西都放回原处，下回马上就能找到，是不是？

737. 那天爷爷参观了你的房间，说你的房间特别整洁。

738. 自从你开始收拾自己的房间，你的学习也变得有条理了。

让孩子养成整理房间的好习惯，他们在学习上也能逐渐变得仔细、有条理，粗心就会逐渐减少。

孩子认真完成作业怎么夸

739. 最近你的作业很少有错别字，妈妈很为你高兴。

740. 我刚看了你的作业，全部正确，是不是因为你写作业时特别认真呢?

741. 老师夸奖你，说你最近的作业很少有错误，看来你的专注起了作用。

742. 现在没有写错小数点的事情了，值得表扬啊。

743. 字写得工整才不容易错，有了错误也很容易发现。

744. 恭喜你终于改掉了抄错答案的毛病，提高成绩指日可待。

745. 你能把题目读两遍再回答，这是个好习惯。

父母鼓励孩子认真完成作业，他们才会把注意力集中在作业和学习上，提高作业的质量和效率，减少不应该出现的疏忽和错误。

孩子自己检查作业怎么夸

746. 你做完作业，能自己检查一遍，这个习惯特别好。

747. 写完作业以后，你又检查了一遍，说明你是个爱学习的好孩子。

748. 最近你的作业少了很多错题，原来是你经常检查啊。

749. 看来你已经知道了检查作业的好处，这不仅能省不少事，还能提高成绩是不是?

750. 检查能消灭很多错误，希望你考试时也注意检查。

父母鼓励孩子自查，能够让检查成为一种习惯，磨炼孩子的专注力。

怎么劝，让孩子接受失败

情景展现

甜甜和同学一起下棋。她赢了，就欢呼雀跃，输了，就耷拉着脑袋，满脸的不高兴，还把棋盘掀翻了。妈妈怎么劝她都没用。

 情景分析

大多数孩子无法接受失败，是因为心理承受能力比较差。这样的孩子只愿意接受赞扬和好的结果，不愿意接受负面评价和坏的结果。通常情况下，他们在遭遇失败和挫折的时候，也很容易沉浸在悲伤中无法自拔。

有的孩子很少，甚至没有经历过失败。这样的孩子都被父母保护得很好，什么事情都由父母替他们做，什么风险都由父母替他们规避，等到需要自己完成一件事的时候，他们就很容易失败，并且难以抵挡失败带来的压力。

还有些孩子自小就是"别人家的孩子"，他们长期生活在大家的赞美中，父母、家人、老师都对他们寄予厚望，他们拥有"完美"的人设。一旦失败降临，人设崩塌，他们就会因此而感到深深的挫败和焦虑。

当孩子失败的时候，有的父母会安慰孩子"没关系"，这话虽然没问题，可是孩子却会认为父母根本不理解他，他们会更生气。甚至有的父母否定孩子的难过，这样孩子会变得更难接受失败。他们会变得没有同理心，无法感受自己和别人的情绪。

如果在孩子失败时，父母指责、嘲讽、打击和惩罚孩子，会让孩子认为父母不爱自己，孩子的内心会充满焦虑和痛苦，甚至自暴自弃。

孩子失败了，作为父母，要先学会接纳他们的失败，这样才能给予他们理解和支持。父母的态度会影响孩子如何去看待失败。失败并不可怕，重要的是如何面对失败，怎样从失败中站起来，吸取经验和教训，继续前进。父母的爱和智慧能够提升孩子抗挫折和自愈的能力，帮助孩子养成健康乐观的心态，更积极地面对今后的生活。

夸孩子这样说

孩子难过怎么引导宣泄

751. 下棋输了，你不开心，没关系，你可以去自己屋里待一会儿。

752. 这个枕头给你，你想怎么捶都行，别把自己的手打疼了就好。

753. 你是不是因为没当上班委，心里不好受？能不能和妈妈说一说？

754. 爸爸知道这次考试你没得第一名，爸爸陪你在这里坐会儿。

755. 我知道你不是无理取闹，只是因为心里难受，想哭就哭吧。

756. 妈妈知道你心里委屈，来，让妈妈拥抱一下。

757. 难过不应该憋在心里，你可以发泄出来，我们不会怪你的。

　　用同理心去安抚哭泣的孩子，引导他们说出自己的真实感受，可以达到舒缓情绪的目的。

如何肯定孩子表现好的地方

758. 虽然你没当上班长，但是同学和老师都知道你很优秀，下次还有机会。

759. 这次没考 100 分，可是你离 100 分只差 10 分啦，也很优秀啊。

760. 刚才下棋时，我注意了你走的那几步，比上次好多了，我险些没赢过你啊。

761. 老师说你的阅读理解错了好几道，但是默写单词时你都写对了，说明你的单词背得很好。

762. 爸爸妈妈知道你为了这次比赛，练习了半年多。这一点让我们特别感动。

763. 老师说你这次的动作比上次标准了很多，能看出来你练了很久。

肯定孩子优秀、进步的地方，或是他们付出的努力，能够给予他们面对挫折的勇气，培养他们的受挫能力。

怎么鼓励孩子接受失败

764. 失败一点儿也不可怕，每个人都失败过。你看，爸爸下棋不也经常输给别人吗？可爸爸还是很喜欢下棋。

765. 妈妈上学的时候考试成绩还没有你现在好呢，可是你看妈妈不是也上了挺好的大学吗？

766. 遇到挫折是再正常不过的事，要是这个人一辈子都没失败过，那也太可怕啦，他怎么进步啊。

767. "胜败乃兵家常事"，爸爸相信最终的胜利是属于你的。

768. 你还要上很多年学呢，一次没考好很正常，后面还有很多场考试让你发挥呢。

769. 失败了不丢人，可你要是不能战胜它，那你就会丢一辈子人啦。

父母有必要让孩子知道，成长的道路不会一帆风顺。学会接受这些挫折和失败，他们才能接受不完美的自己，尽快从失败中走出来。

如何鼓励从失败中总结经验

770. 这次考试不及格，你想过是什么原因吗？是不理解老师讲的东西，还是考试时紧张了呢？

771. 爸爸看了你们比赛的情况，我觉得你的心理素质差了点儿，咱们可以多参加几次比赛练练胆量。

772. 咱们来复盘一下，这次竞选失败到底是哪一点有问题呢？

773. 妈妈让你参加这次的比赛，纯粹就是为了积累经验。你觉得第一名的小朋友的表现，哪里做得比你好呢？

774. 你在知识的掌握上没有什么问题，但是在考试技巧上还有些欠缺，你打算怎么提高呢？

775. 如果你想不出自己的问题，我觉得你可以向教练请教一下，他会很乐意指点你的。

孩子的情绪稳定之后，父母可以带着孩子一起分析失败的原因，是能力的欠缺还是没有掌握技巧，帮助他们从根源上解决问题，在失败中汲取经验，获得提升。

孩子对零食依赖，应该怎么纠正

情景展现

　　各种零食和饮料是兰兰的最爱。她平常把饮料当水喝，把零食当饭吃。爸爸妈妈因为这个特别头疼，不给兰兰买，兰兰就又哭又闹。

情景分析

　　孩子爱吃零食是众所皆知的事情，而且有时候零食对于孩子的诱惑力更甚于玩具。这是因为大部分零食和饮料中，都含有甜味剂、香精和色素等物质，这些东西可以引起人的食欲，让孩子对零食产生依赖。

　　孩子喜欢零食，还因为糖和甜食可以给人带来愉悦的心情。更何况很多零食的口感酥脆，有很浓的香味，这些对孩子都是很大的吸引力。很多零食为了吸引孩子的注意力，还会在包装和造型上下很多功夫，很多孩子会对色彩鲜艳的包装和精致有趣的外形产生好奇心，从而无法抗拒、爱不释手。

　　孩子爱吃零食，也和自控力较差有关，而且在成长阶段，他们会逐渐产生自我意识，形成自己的喜好。父母越是禁止孩子吃零食，他们越是想吃。

　　孩子处于生长发育阶段，精力充沛，能量消耗很快，他们的身体可能经常需要补充能量。除了一日三餐之外，零食能够很快地帮助他们补充热量。但是，很多不健康的零食中含有较多的添加剂等成分，而且零食这种精加工的食品，糖、盐、脂肪的含量很高，营养价值却较低。零食吃得过多，容易导致孩子不想吃饭，出现营养不均衡的情况，影响身体的发育。孩子吃太多零食，还容易引起肥胖、龋齿、胃肠功能紊乱、消化不良等问题。

　　父母知道零食的坏处，大多会限制孩子吃零食，甚至不让孩子吃零食。这样虽然是为了孩子好，但是一味地禁止孩子吃零食，只会增加他们对于零食的渴望，让他们看到零食时更难控制自己。

　　对于零食，父母要科学客观地看待，同时也要教孩子正确地认识零食，利用零食的积极作用，把握其中的限度。

 夸孩子这样说

怎么鼓励孩子选择健康的零食和饮料

776. 听说，这个牌子的牛奶含钙量很高，你来帮妈妈尝尝吧。

777. 这苹果又大又红，有助于保持身体健康和促进消化，想不想吃一个？

778. 这是新鲜出炉的"妈妈牌"蔬菜冻干，富含大量维生素，请品尝。

779. 你阿姨做的牛轧糖不甜，还有你爱吃的花生，特别好吃。

780. 饿了吗？吃点儿核桃吧，保证你能变聪明。

781. 这里有一罐蜂蜜，用它冲水可好喝了，喝了你就能顺利拉臭臭了。

782. 要不要喝点儿玫瑰花茶，喝完以后能变漂亮哦。

准备健康的零食，既能满足孩子的口腹之欲，又能保障孩子的身体健康。

孩子主动减少吃零食怎么夸

783. 你和妈妈约定每天只能吃一次零食，你做到了！

784. 这袋子里有好多颗糖，你只吃了一个。

785. 爸爸看了柜子，里面居然还有那么多零食，看来你最近很少吃零食了，值得表扬。

786. 恭喜你做到一个月不吃零食，明天带你去游乐场玩。

787. 今天要做你最爱吃的糖醋排骨，如果你现在吃了这包薯片，一会儿可就吃不下排骨了。

788. 爸爸下厨一次，你饭前一点儿零食都没吃，真给他捧场。

当孩子少吃零食的时候，父母要及时鼓励他们。

孩子好好吃饭怎么夸

789. 你这几天吃饭特别积极，奶奶跟我夸了你好几次呢。

790. 妈妈夹给你的菜，你都吃光了，真是太棒了。

791. 这碗被你吃得这么干净，都不用刷啦。

792. 看你吃得这么高兴，妈妈每天做饭都不觉得累啦。

793. 还没到吃饭的时间，你就跑过来坐下啦，真积极呀。

794. 每天按时吃饭，以后才能长得高，长得壮。

孩子认真吃饭的时候，及时表扬，可以间接地减少他们对零食的依赖。

如何鼓励孩子吃健康的零食

795. 爷爷奶奶给你买零食，不是为了让你当饭吃的，是给你在饿的时候垫垫肚子。

796. 蛋糕是好吃，但含糖量高，吃多了会变胖，那可就穿不下漂亮的裙子了。

797. 医生说吃太多零食会影响食欲，饭吃得少了，你就没办法长高了。

798. 零食可以吃，但是那些不健康的三无产品对身体可不好。

799. 为什么不吃些健康的食品呢？又好吃，对身体又好。

800. 零食最大的意义，是用来分享，你可以用它来交朋友。

父母引导孩子客观地认识零食的作用、意义，明白挑选零食的原则，就能让他们学会正确积极地挑选和食用零食。

自信、优秀的孩子背后，都有一对"嘴甜"的父母。正确的鼓励能够激发孩子的自驱力，而教育的终极目的，就是培养孩子的自驱力。

Part 5
每天一句『彩虹屁』，激发孩子内驱力

夸家务做得好，激发孩子的责任感

情景展现

周末，妈妈忙着洗衣服，有的衣服比较脏，需要手洗。彤彤说她也来帮忙，妈妈就让她洗袜子。

情景分析

虽然孩子还小，但是责任感对于他们来说也是很重要的。孩子具备了责任感，才能够自觉、勤奋地学习，做力所能及的事情，关心和照顾家人，长大以后才能够尽职地做好本职工作，照顾家庭，遵纪守法，更好地立足于社会。

责任对孩子来说，主要包括个人责任、对家人的责任以及对社会的责任。在日常生活中，这些责任主要体现在以下几个方面。

1. 家务劳动方面

整理收纳好自己的物品；

能够主动帮助父母做家务；

看到家务能够主动去做，比如擦桌子、扫地等。

2. 待人接物方面

乐于帮助同学；

愿意倾听和接受别人的意见；

家人生病会主动关心和问候。

3. 做事方面

主动做力所能及的事情；

努力完成父母、老师交给的任务；

做错事能主动承担责任；

承诺过的事情尽力完成。

4. 做人方面

犯错后懂得道歉和悔改；

爱护环境，不乱丢垃圾，不在景区乱涂乱画。

一个有责任心的孩子，在未来会更加独立，也能走得更远。父母需要在孩子小时候就开始培养和引导。

赏识力 夸孩子我有1000句

夸孩子这样说

怎样鼓励孩子完成任务

801. 爸爸明天要出差，家里就交给你和妈妈了。

802. 妈妈一会儿要去医院照顾外婆，妹妹就交给你照看了。

803. 这盆花就交给你照顾了，记得勤浇水，多晒太阳。

804. 爸爸妈妈交给你个任务，每天给奶奶打个电话。

805. 你表妹骑车还不太熟练，你在后面看着，别让她摔着。

806. 今天大扫除，卧室和客厅就交给你来打扫了。

父母可以有意识地交给孩子一些任务，并在孩子遇到困难的时候，给予他们一定的指导。

如何鼓励孩子善始善终

807. 这花都已经长出枝条了，你现在放弃多可惜啊。

808. 卧室和客厅你都扫干净了，就差卫生间和厨房了，加油。

809. 你已经把菜洗了一半了，只要再把那一半洗干净，我就可以开始切菜、炒菜，咱们就能吃饭了。

810. 柜子你都擦了，为什么不把书桌也擦擦呢？

811. 咱们约定好你要给爷爷念一个礼拜的报纸，现在已经连续念了五天啦。

812. 你已经教会妹妹简单加法了，再教教减法就更好了。

· 146 ·

哪怕是再小的事情，父母也要鼓励孩子坚持完成，并且对他们的努力表示赞赏。

怎么鼓励孩子参与家庭生活

813. 咱们马上要搬家了，你的东西就交给你自己来打包。

814. 这次旅游，我们决定让你来设计路线。

815. 妈妈今天带你买年货，你给妈妈参谋一下，好不好？

816. 咱家要重新装修了，你说装成什么样好呢？

817. 爸爸打算买一台电脑，这些都是备选，你来对比一下。

818. 爸爸妈妈最近有个难题，想请你给个建议。

父母可以请孩子协助处理家庭事务，或者让他们参与讨论家庭计划，并给他们一定的决定权。

孩子独立做事情怎么夸

819. 你长大啦，应该学会自己吃饭啦，来，自己拿着筷子。

820. 自己吃饭，你就能想吃什么就吃什么啦，这多好啊。

821. 你的动作虽然慢了点儿，但你把菜和饭都吃光了，很棒。

822. 妈妈已经教过你怎么穿衣服，以后你就要学着自己穿啦，你长大啦！

823. 咱们学会自己穿衣服，以后在幼儿园里就是第一个能自己穿衣服的小朋友啦。

824. 虽然你扣错了两个扣子，但还是穿上了，做得不错。

825. 你能自己吃饭、穿衣服，是不是自己的东西也能收好呢？

孩子自己能做的事情，父母要让他们自己来做。即使一开始孩子做不好，父母也不要打击他们。

夸主见，让孩子自信做决策

 **情景展现**

爸爸妈妈给小玉买玩具，小玉站在货架前举棋不定，摸摸这个，看看那个，不知道到底要买哪个。

情景分析

有人说，有出息的孩子，从小就比较独立有主见，遇事能快速理智地做出决策。但一些孩子遇事优柔寡断，畏首畏尾。没有主见的孩子，在未来的生活和工作中不仅无法应对各种挑战，甚至不能把握住自己的人生。

孩子缺乏主见，大多是因为自小被剥夺了做决定的机会和权利，他们的行动力和判断力得不到锻炼，不得不依赖于父母。久而久之，他们就习惯了自己不动脑筋，由父母为他们做主。

有些孩子本来有自己的想法，但却总是被无情地否定。时间长了，他们觉得就算自己有想法，做了选择也会被否定，于是渐渐就没有了自己的想法，变成没有主见的人。

所谓主见，指的是遵从自己的内心，有自己的价值判断，不会被别人的思想所左右。孩子之所以没主见，是因为他们缺少独立思考的意识，而独立思考就离不开批判性思维。批判性思维并不是让孩子专门"唱反调"，而是让他们能够分析问题，并且对问题提出反对或质疑问题，做到有理有据。拥有批判性思维的孩子，一定会成为一个有主见的人。

让孩子变得有主见并不是一蹴而就的事情，需要父母对孩子进行长期的训练。父母要站在孩子的角度去看问题，鼓励他们做出自己的决定，不要对他们进行过多的干预，同时给予孩子正确的引导，做好孩子的后盾。在生活中，父母应该给孩子创造更多的锻炼机会，让孩子在各种挑战中变得更独立、更有主见。

孩子有没有主见不是天生的，而是依赖于后天的教育和引导，父母的作用非常重要。

夸孩子这样说

如何鼓励孩子在小事上做主

> 826. 今天来买玩具，你想买什么，你自己来定。
>
> 827. 明天上学要穿什么衣服，你准备好，妈妈就不管了。
>
> 828. 今年生日你想请哪个小朋友过来给你庆祝生日呢？
>
> 829. 这里有这么多漂亮的裙子，你可以先试试再决定买哪件。
>
> 830. 晚上你想吃什么？是吃排骨，还是吃牛肉？
>
> 831. 明天是休息日，你是想去公园，还是游乐场？
>
> 832. 咱们去书店买几本书，到时候你想买哪本就和妈妈说。

日常生活中，关于孩子的小事，父母可以交给孩子，由他们自己来安排并且做出自己的决定。

怎么鼓励孩子表达真实的想法

> 833. 这里这么多家具，你觉得哪一套更适合咱们家呢？
>
> 834. 你认为咱家新房子的装修应该选择哪一种风格呢？
>
> 835. 咱们明天要出门，你觉得哪种出行方式更好呢？
>
> 836. 咱们去云南旅行，你觉得要准备些什么东西呢？
>
> 837. 妈妈要去超市，你要跟我一起去吗？你想买点儿什么吗？
>
> 838. 睡觉之前，你觉得要做些什么准备工作呢？

家里的大事，父母可以鼓励孩子表达自己的意见和想法，可行的话，尽量采纳他们的建议。

面对不合理的请求，如何鼓励孩子说"不"

839. 别的小朋友想要你的玩具，如果你不愿意的话，可以拒绝他们。

840. 你今天不想去外婆家？那好吧，妈妈就自己去了。你有什么话想让妈妈带给外婆吗？

841. 你不喜欢这条裙子的话，可以和妈妈说。

842. 同学们都去玩时，你不想去的话，不用勉强自己。

843. 你可以选择自己觉得好的东西，不必和别人一样。

844. 你不愿意买这个玩具，没关系，咱们再看看别的。

与孩子有关的事情，父母要允许孩子表达反对意见，让他们学会不盲从，不人云亦云。

孩子质疑怎么夸

845. 你敢于质疑答案，这一点非常难能可贵。

846. 爸爸妈妈也有错的时候，谢谢你给指出来。

847. 在课堂上指出老师的错误，你的这种勇气值得表扬，爸爸给你点赞。

848. 你觉得书上的哪段话有问题，可以记下来明天去问一下老师。

849. 你的问题，爸爸也不太清楚，要不咱们去找个专家问一下吧。

850. 你提出的问题，我都没有想到，你的思考能力真的很强。

父母要肯定和支持孩子善于质疑、合理质疑的举动，帮助孩子逐步形成批判性思维。

夸同理心，培养孩子的高情商

 情景展现

　　妈妈带着东东在游乐场玩，东东和一个小朋友玩跳格子游戏。大概是刚下过雨，地上有点儿滑，小朋友不小心摔倒了。东东赶紧跑过去，把他扶了起来。

同理心,就是设身处地为别人着想。有同理心的孩子,会更受欢迎,拥有更好的人际关系。

如果孩子缺乏同理心,意味着情商比较低。这样的孩子往往缺乏情感教育。很多父母认为孩子的智商比较重要,关注点都放在了孩子的学习上面,却忽视了对孩子的情感教育。当孩子在父母面前有了情感流露的时候,父母的冷漠或不解是对孩子情感的忽视,会导致孩子无处宣泄自己的情感,从而下意识地拒绝感知他人的情感,更难培养出同理心。

受到过度保护的孩子也容易缺乏同理心。父母把他们保护得很好,他们在日常生活中很少遭遇困难和挫折,渐渐地失去了对困难和挫折的感知和应对能力。当别人遇到困难时,他们就无法产生相应的共情。

情商对于孩子的重要性不亚于智商,而同理心就是体现孩子情商很重要的一部分。同理心的匮乏会导致孩子无法对他人的遭遇感同身受,给人一种自私冷漠的印象,从而导致他们的人际关系堪忧。

同理心是善良的基础。具有同理心的孩子懂得换位思考,他们很在意自己的言行举止是否会伤害到别人,所以,他们不会随意嘲笑别人,也不会随意挖苦和讽刺别人。他们更关心家人和朋友,在社交场合中,他们也会更加受欢迎,所以,他们往往具有良好的社交能力和人际关系。

孩子的同理心需要后天培养,而培养孩子的同理心,父母就是他们最好的老师。父母要有意识地让孩子学会换位思考,学会尊重他人,感受他人的情绪,当孩子做到了这些,就具备了同理心。

夸孩子这样说

孩子会安慰人怎么夸

851. 你这么会安慰别人，真是个温柔善良的好孩子。

852. 你对朋友从不吝啬关怀和安慰，做你的朋友一定很幸福。

853. 看到你主动去安慰受伤的小朋友，我很感动。

854. 别人不开心，你总是第一个去安慰他，真有爱心。

855. 有了你的安慰，妈妈觉得很温暖、很安心。

856. 琳琳妈妈说你刚才安慰了琳琳，琳琳已经不难过了。

857. 你的话总是特别温暖人心。

858. 妈妈为有你这么个善解人意的孩子感到骄傲。

859. 弟弟刚才特别害怕，都是因为你的安慰才好的。

孩子安慰了别人，父母要及时夸奖孩子，让孩子知道自己做的是正确的。

如何鼓励孩子关注别人的感受

860. 你看，哥哥的脸色是不是很难看？他生气了。

861. 那个小朋友在哭呢，你要不要去关心他一下？

862. 姐姐不高兴了，你可以问问她为什么不开心。

863. 要是别人抢走了你的玩具，你也会难过对不对？

864. 如果别人突然推了你一下，你会有什么感觉呢？

865. 如果你的画笔被抢走了肯定不高兴，那我们是不是应该把画笔还给人家呢？

866. 小明现在肯定很难过。你是不是应该去安慰他一下？

867. 你往别人身上扔石头，人家肯定很疼，你是不是该和人家道歉呢？

父母平时要有意识地引导孩子关注别人的感受，帮助他们理解别人，不要轻易做出伤害别人的行为。

怎样鼓励孩子体验别人的处境

868. 你也摔倒了，你记不记得妹妹也在这儿摔倒过？

869. 别人嘲笑你，你很难过对不对？那你以后也不要去嘲笑别人。

870. 生病了是不是特别难受？所以，别人生病时不要幸灾乐祸。

871. 这次没考好，你心里很不高兴。那么下次看到别的同学没考好，你知道该怎么办了吧！

872. 这会儿你是不是恨死那些笑话你的人了？

873. 我看你的小拳头握得很紧，恨不得去打他们。我想，当初被你嘲笑的人也是这么想的。

874. 你说奶奶做的饭不好吃，现在你也做了一次饭，是不是觉得做饭很辛苦呢？

875. 小明说不喜欢你的礼物，你是不是能体会到上次爸爸送你礼物时的感受了？

父母可以在孩子遭遇与别人相同的处境时，引导孩子关注自己的感受，然后推己及人。

夸有条理，培养孩子的逻辑能力

 情景展现

平时来了客人，都是妈妈帮忙泡茶，天天喜欢在旁边看。这次，妈妈请天天来给客人泡茶。

情景分析

孩子做事情缺乏条理性，和大脑发育的不完善有关。儿童时期，孩子大脑中的前额叶发育得还不完善，这就导致了他们的执行能力不足，条理性比较差，做事情拖拉磨蹭，看起来笨手笨脚。

睡眠不足是孩子缺乏条理性的另一个原因。假如孩子的睡眠长期不足，他们复杂思维的神经系统运作就会受到影响，导致他们出现反应迟钝、丢三落四等条理性混乱的情况。

父母对于孩子的过度干预，也会压制孩子的条理性。孩子的动作稍有迟疑，父母就会催促、责骂，甚至直接替孩子做，这不仅影响孩子的动手能力，也不利于培养孩子的条理性。

孩子的条理性差，其实是逻辑思维能力差的表现。逻辑性差的孩子注意力不集中，不会系统性地思考，做事情马虎、主次不分，这就会导致他们在学习上比较吃力。当面对很多件要做的事情时，他们就容易出现思维混乱的情况，不但会完成得很慢，也很容易搞砸。

缺乏逻辑性的孩子，语言组织能力也会很差。他们讲话总是颠三倒四，话说了很多，可别人却不知所云。在组词造句和写作文上面，他们的能力也很差。

而逻辑性强的孩子做事情就很有条理，任何事情都能够循序渐进、有条不紊。他们能够客观性地看待事物，多方面地考虑问题，所以他们会有自己的判断力。在学习上面，他们能够将知识系统化，不仅能够灵活运用，还能做到举一反三。

孩子的条理性并不是天生的，大多都来自于后天的培养。这需要父母花费时间和精力对孩子进行训练，而且要在家庭中营造宽松的环境，给孩子时间和机会，让他们自己去判断和选择，给予正面的评价，激励他们不断地改进。

如何鼓励孩子专注做一件事

876. 快开饭啦，你现在能不能先把你的玩具都放到箱子里呢？

877. 东西收拾得很干净，现在咱们去洗手。

878. 先穿衣服，再吃早饭。吃饭时不集中精神会影响消化的。

879. 等你把这个拼图拼完了，妈妈再让你听英语单词。

880. 这次搭积木，你要坚持半小时哟，妈妈相信你一定能做到。

881. 这套童话书，咱们先看这本，看完了再看下一本。

882. 我建议你先把作业写了再痛快地玩。

孩子每次只做一件事情，不仅能让他们把当前的事情做好，而且还能提高他们做事情的效率。

孩子做事主次分明怎么夸

883. 你回到家后能先去做作业，然后再去玩，这样很好。

884. 妈妈从来不催你看书，因为你知道学习之后才能去玩。

885. 你已经把作业和习题都写完了，可以看一会儿动画片了。

886. 你每天都有很多自由支配的时间，这要归功于你会安排要做的事情。

887. 你总是知道最重要的事情是什么，这点非常棒！

888. 你知道背单词很重要但是并不着急，所以每天都背。

父母的夸奖能够鼓励孩子保持这种良好的习惯，而且能让孩子知道，他们的努力是会被看见的。

孩子分门别类整理东西时怎么夸

889. 你把课本和作业本放在不同的地方，这样找起来很方便。

890. 你的铅笔盒总是很整洁，铅笔、钢笔和橡皮总是分开放的。

891. 你找玩具总是特别快，因为它们都放在不同的地方。

892. 妈妈从不担心找不到你的衣服，因为你会把它们分着放好。

893. 你收纳整理的能力特别强，妈妈要向你学习。

894. 刚才你很快就找到要找的书了，是不是因为你的书都在书架上？

父母对孩子具体行为的表扬，能够让孩子认识到分门别类整理物品的好处。

孩子做事有条理怎么夸

895. 你刚才先扫完地，再去拖地，这样做很正确。

896. 妈妈觉得你做事情很有条理，知道先列个计划再去做。

897. 你先做了汤，然后再去切菜、炒菜，所以很节省时间。

898. 我观察了，你把衣服先泡了以后才洗的，所以很省力。

899. 多亏你的计划，咱们今天出来才没浪费时间。

900. 你把烧水、泡茶的时间安排得很合理，我们才能这么快喝到茶。

父母直接称赞孩子的条理性，强调孩子的努力和成果，对孩子是一种肯定和认可。

夸乐于助人，让孩子更有爱心

情景展现

晓晓听说贫困山区的小朋友生活很苦，就想把自己的零花钱捐出去，妈妈很支持她。

我想把零花钱捐给山区的小朋友。

好啊，学校有捐助箱吗？

有。

那你准备捐多少呢？

我准备把存在"小猪"里的钱都捐了。

可以啊，你是个有爱心的孩子，妈妈给你点赞！

情景分析

何为爱心？爱心就是同情怜悯之心。它是对别人的关怀、爱护之情，也是一种奉献精神。"人之初，性本善"。在不同的年龄段，孩子的爱心和善良会有不同的表现。

婴儿时期的孩子分不清自己和他人的区别，对于别人流露出的情感，他们也会产生反应，比如看到别人在哭，他们也会跟着哭起来。1到3岁的孩子已经能够分辨自己和别人的痛苦，还能对他人的痛苦表示出本能的同情，只是不知道该怎么做才好。5到7岁的孩子已经能够理解他人的情绪，觉察到他人的不幸，并做出援助性的行为。10岁左右的孩子已经能够理智地对弱者表现关切和同情。

不过，我们总能在生活中看到有些孩子从不同情他人的遭遇，有些父母也总认为自己的孩子没有爱心。其实，孩子的爱心是与生俱来的，可是如果后天得不到有效的培养，他们的爱心就会逐渐消失。

现在很多孩子被家人过分地宠溺，家人只关心他们是否幸福，却从不关心他们是否关心别人。时间长了，他们就会养成唯我独尊的性格，变得目中无人、自私冷漠，不愿意为别人付出。

有的孩子从小缺乏父母亲人的关爱和帮助，这样的孩子在性格上容易变得孤僻，行为上也会变得冷漠，不愿意帮助别人。就算是想帮助，他们也不知道该怎么表达，久而久之就养成了不愿付出的习惯。

善良是孩子最珍贵的品质，培养孩子的爱心，有助于培养孩子善良的品性，让孩子的性格变得温和，也能让他们更好地与人相处。帮助别人的孩子，也会得到别人的帮助。

爱心的培养要从小抓起，这需要父母的以身作则，鼓励、支持孩子的爱心行为，让孩子懂得怎样去爱别人。

夸孩子这样说

孩子关心别人怎么夸

901. 今天你同学感冒了，你有没有关心人家呢？

902. 你看那里有个小朋友一直哭，多可怜啊。

903. 天气这么热，司机叔叔还在开车，真不容易啊。

904. 你看清洁工阿姨累得满头大汗，把小区扫得多干净啊。

905. 王奶奶走得这么慢，是不是她拿的菜太重了呢？

906. 你看这些国家的小朋友没有食物，如果可以，你愿不愿意把自己的食物给他们吃？

907. 这些城镇被大水冲毁了，看着真让人心疼啊。

父母要帮助孩子对自己、家庭和朋友以外的人予以关注，思考他们的困难，尤其是弱势群体。

孩子乐于助人怎么夸

908. 你刚才帮小妹妹擦眼泪，这是一种特别暖心的举动。

909. 你把自己的玩具给别的小朋友，对他是一种很大的安慰。

910. 你能主动把自己不玩的玩具捐出来，妈妈为你感到骄傲。

911. 妈妈听说你经常鼓励同学，难怪大家都这么喜欢你啊。

912. 邻居刘阿姨说昨天你主动帮她找掉了的耳环，她让我替她谢谢你。

913. 你这次帮同学扫地，以后你有了困难，他也会帮你的。

当孩子做出关心、帮助别人的举动，父母要及时肯定和支持，甚至可以给予奖励。

如何鼓励孩子关爱动物

> 914. 你不要随便给大黑熊喂食，这样才是对它好。
>
> 915. 动物是人类的好朋友，妈妈带你去动物园，你可以认真观察他们。
>
> 916. 你可以养一只小猫，不过照顾它的任务就交给你了。
>
> 917. 小狗咬坏了你的拖鞋，你可以生气，但是不能打它。
>
> 918. 你可以不喜欢路边的流浪猫狗，但不要打骂它们。
>
> 919. 邻居的猫要在咱家寄养几天，这几天咱们要好好照顾它。

通过观察动物、饲养宠物等方式，父母可以教育孩子尊重和照顾动物，培养他们对动物的关爱。

如何鼓励孩子参加公益活动

> 920. 社区组织给灾区捐款，咱们一起参加吧。
>
> 921. 资助贫困山区的活动，你打算捐些什么呢？
>
> 922. 听说你们学校组织给那个生病的小朋友募捐，你愿意帮助她吗？
>
> 923. 你愿意把零花钱都捐出来给灾区的小朋友，真是很难得。
>
> 924. 这次参加慰问敬老院的活动，你给爷爷奶奶们干了不少活，值得表扬。
>
> 925. 这是你给福利院的小朋友准备的礼物吗？真不错。

父母可以带孩子多多参加，或是鼓励孩子参加各种公益活动，在其中体会帮助别人的乐趣。

孩子诚实守信，应多表扬

 **情景展现**

小勋和小伟约好上午 10 点在小区广场见。但天气有点儿阴，感觉要下雨。

情景分析

　　诚实守信不仅是一种传统美德，也是一个人能够在社会生活中安身立命的根本。但是，随着孩子的成长，父母有可能发现孩子要么说谎话，要么做出承诺却不能实现。其实，孩子的不诚信是有原因的。

　　低年龄段的孩子认知水平有限，分辨能力也不强，不太能区分现实和想象，所以会撒谎。而且，很多时候，他们说的谎话，只是在表达愿望，或是为了满足虚荣心。

　　当孩子的认知能力有限时，他们对自己的行为会缺乏正确的认知，可能会信口开河、随意许诺，但是又无法及时履行承诺，或是因为缺乏自律，在他们想要兑现诺言的时候，被其他事情所吸引，导致忘记了自己的承诺。

　　有的孩子做出不诚信的行为后，父母会认为孩子年龄还小，或是想要袒护孩子，没有对孩子进行教育，这相当于纵容和鼓励孩子的错误行为，会导致他们难以分辨是非，增加了他们以后不诚信的概率。

　　如果孩子认为自己是被逼做出的承诺，或是觉得承诺对自己不公平，他们也会违反承诺。还有的孩子不诚实，则是受到父母的影响。

　　"身教重于言教"，对孩子来说，父母的言行是无声的语言，有形的榜样。想要培养出诚实守信的孩子，父母要给孩子做好诚信的表率。在日常生活中，父母对待孩子，不能言而无信。向孩子许诺要三思而后行，答应的事情要尽量做到，如果不能兑现，父母要向孩子道歉并解释，事后争取兑现。否则，只为了让孩子听话而随意承诺又不兑现，或者一而再地不讲诚信，孩子不但会对父母产生不信任感，而且也会慢慢变得不诚实、不守信。

夸孩子这样说

孩子诚信的行为怎么夸

926. 你捡到了别人的东西，交给了警察叔叔，你做得很对。

927. 你主动把刘奶奶掉在地上的钱包还给她，刘奶奶很感谢你。

928. 你找小明借了自行车，能够及时归还，说明你讲诚信。

929. 你能想着把借的钱还给人家，这就是诚信的表现。

930. 你答应帮妈妈擦地，还很快就擦完，真是太好了。

931. 你能主动告诉老师，有道错题老师没有扣分，老师和我们夸你是个诚实的好孩子。

932. 你能说真话，不说假话，妈妈很欣慰。

父母要从日常生活的琐事开始，通过小事的不断积累，引导孩子认真践行诚信，养成诚信的品质。

如何鼓励孩子说到做到

933. 你说不用妈妈陪写作业了，妈妈相信你能做到！

934. 爸爸相信你能够自己管理好自己，学习和玩耍两不误。

935. 昨天可是说好了，今天要7点起床的，说话要算数哦。

936. 既然你说下次要考到90分，我们就等着你的好消息了。

937. 你不是和小明约好10点见面吗？再磨蹭你可就迟到了。

938. 你不是要把这本书借给同桌吗？要遵守约定哦。

939. 爷爷奶奶每天都在等着你打电话呢，你可不能忘了。

940. 答应人家的事情一定要尽力做到，如果做不到，一定诚恳道歉。

父母从小尊重和信任孩子，以后孩子也会懂得尊重和信任别人，并取得别人的信任。

孩子说谎，如何鼓励改正

941. 妈妈相信你没有偷同学的漫画书，不过你要讲清楚经过。

942. 你说没有拿爸爸的钱，那爸爸再去找一找。

943. 我们相信你，也希望你不要撒谎，做个诚实的孩子。

944. 谎言若被拆穿，你会失去别人的信任，希望你不要辜负我们的信任。

945. 如果我有钱，却骗你说没钱不能给你买玩具，你会是什么样的感觉呢？

946. 妈妈答应带你去旅游，结果却毁约了，你会不会很生气？

947. 欺骗就是你想吃苹果，我说没有，可是过了一会儿我却拿着苹果在吃。

948. 姐姐骗了你，没有遵守诺言，你以后还会和她玩吗？

949. 要是你让妈妈帮你买东西，妈妈明明忘了还不承认，你会怎么想？

950. 朋友对你说谎，被你发现好几次，你还愿意和她做朋友吗？

让孩子亲身经历欺骗，或用情景模拟的方法，帮助他们体会被欺骗的感受。

夸有孝心，让孩子懂得感恩

 情景展现

妈妈感冒了，支撑着回到家就倒在床上。航航放学回来，看到妈妈脸色不好，知道妈妈不舒服，连忙出去倒了一杯水，还给妈妈找了感冒药。

情景分析

感恩，顾名思义就是懂得感谢别人对自己的帮助和支持，并且对对方怀有敬意和谢意。懂得感恩，是孩子成长过程中一项至关重要的人生品质。

孩子不懂得感恩，可能是受到多种因素的影响。其中最大的影响来自于家庭。孩子在成长过程中，如果父母没有教他们学会感恩，怎样去感恩，孩子就很可能会缺乏感恩之心。而且，很多父母总是把孩子的需求放在第一位，如果孩子没有学会考虑别人的感受，他们就会变得自私，不懂感恩。

孩子不懂感恩，还和缺乏父母的引导有关。孩子在成长过程中，如果父母没有进行必要的引导，孩子就不知道该如何表达感谢。当孩子对父母、长辈表现出不尊重、不礼貌的行为时，如果没有遭到制止，这对于孩子的不当行为也是一种纵容。

不懂感恩的孩子，和父母、亲人的关系会很疏远。这样的孩子认为父母、亲人的付出都是应该的，所以不懂得回应父母、亲人的爱，久而久之，双方的关系就很难亲近。随着年龄的增长，他们的欲望也会逐渐增长，这对于父母来说也会是很大的负担。

不懂感恩的孩子，也很难收获友谊。这样的孩子觉得别人的善意和帮助是天经地义的，从不对别人心存感激，当别人需要帮助时，即便自己有能力也会束手旁观，自然很难得到别人的好感。

孩子对父母抱有感恩之心，能够使亲子关系更加融洽。懂得感恩的孩子更善良，与人相处时更受欢迎，而且，他们的心态更积极，生活得更快乐。

教孩子学会感恩，父母要成为孩子的榜样。在日常生活中，父母要表现出对他人的感激和尊重，让孩子逐渐认识到感恩的意义和重要性，并进行模仿。

孩子懂得感恩怎么夸

951. 看到你亲手做的节日贺卡，老师一定很高兴。

952. 你知道给爷爷奶奶买礼物，他们可高兴坏了。

953. 妈妈吃了你给她买的生日蛋糕，特别开心。

954. 我儿子终于长大了，会给爸爸买礼物了。

955. 爸爸给你修好了玩具，你记得说"谢谢"，这很好。

956. 你总是记着同学对你的帮助，是个会感恩的好孩子。

957. 你会跟工作人员说"谢谢"，让妈妈特别自豪。

父母要告诉孩子，哪些是他们人生道路上的恩情，知道恩情，他们才能学会感恩。

孩子体贴父母怎么夸

958. 谢谢宝贝给我倒的茶，爸爸喝完以后一点儿都不累了。

959. 妈妈每天回家都能看见你给我准备的拖鞋，很开心。

960. 你给妈妈准备的礼物，妈妈特别喜欢。

961. 你能给爸爸捶背，爸爸特别高兴。

962. 你看见妈妈拖地就跑过来帮忙，真是个孝顺的好孩子。

963. 爸爸看见你给爷爷奶奶唱歌，觉得咱们家真的很温馨。

孩子主动表达爱时，父母要欣然接受，如此才能培养出感恩的孩子。

如何鼓励孩子学会宽容别人

964. 爸爸批评你时是有点儿严厉，希望你不要怪他。

965. 妈妈刚才讲话态度有点儿不好，你能不能原谅她呢？

966. 老师是希望你能考上个好学校，所以对你的要求才那么严格。

967. 你的朋友不是故意笑话你的，希望你能原谅他。

968. 发火前想想同学平时对你的好，你就能冷静下来了。

969. 别人的恩情要牢记，别人不好的地方，要学会遗忘，这样才能和朋友好好相处。

孩子愤怒时，父母可以提醒他们，先想想对方对他们的好、给他们的帮助。

怎么鼓励孩子表达感激

970. 你生病时妈妈照顾你好几天，你是不是应该去谢谢妈妈？

971. 爸爸刚才帮你把自行车修好了，你给爸爸擦擦汗好不好？

972. 爷爷奶奶坐了一天的车来给你过生日，你要和他们说声"谢谢"。

973. 小明真是个好朋友，大家误会你时，他一直相信你。你有没有感谢他呢？

974. 好几个同学都帮了你，妈妈要和你一起去谢谢他们。

975. 你被车撞倒，多亏陈阿姨把你送到医院。快说"谢谢"。

父母要让孩子明白，对别人的善意和帮助，孩子要心存感激。

夸有领导范，让孩子在团队中受欢迎

情景展现

　　虽然多多的年龄不大，但是妈妈发现他在小伙伴中很有领导力。楼道里的几个小朋友都喜欢找他玩，也很愿意听他的话。

情景分析

　　领导力指的是一个人在所管辖的范围内，影响他人共同完成目标的能力，包括但不限于制订目标、激励他人、沟通协调、做出决策等。

　　很多父母觉得领导力是与生俱来的，认为能让其他同龄人跟随是天生的能力。其实领导力并不是天生的，但可以通过后天的培养和锻炼逐步提升。

　　孩子没有领导力，主要原因是缺乏自信。如果父母很少倾听孩子的观点，或是不允许孩子表达自己的想法，这等于是在向孩子传达"你的意见不值得倾听""你在家里或是团队里的地位并不重要"的信息，孩子的自信和自尊就会降低，他们对自己的能力就会产生怀疑，觉得自己无法去引导别人。

　　事实上，领导力并不等同于当领导的能力。领导力对每个孩子来说都是一项很重要的能力，渗透在孩子学习和生活的方方面面，可以说对孩子的一生有很大的影响。

　　具有领导力的孩子，往往有着很强大的自信心。他们不会轻易受到别人的影响，不会轻易放弃自己的想法，敢于坚持自己的特色。如果他们认为自己是正确的，就会一直坚持下去，这样的孩子更容易成功。

　　领导者首先要对自己的行为负责，想要影响别人就需要自身有很强的自律性。所以，有领导力的孩子，责任感和自律性都很强。而且，领导力强的孩子综合素质也很强，在团队合作、解决问题和沟通技巧等方面都会表现不错。

　　孩子领导力的培养和锻炼越早越好。父母应该给孩子提供合适的机会和环境，帮助孩子不断地提升自己，不断地进步。

夸孩子这样说

怎么鼓励孩子参与和策划团体活动

976. 你们学校有很多课外兴趣小组，你打算参加哪个呢？

977. 你那么喜欢做模型，为什么不参加兴趣小组呢？

978. 社区要组织读书会，里面有很多小朋友，你有没有兴趣？

979. 你的生日派对，家里要怎么布置，要请谁，妈妈就交给你来策划了。

980. 你朋友生病了，你可以和其他小伙伴一起去看看他。

981. 明天舅舅要来咱家，到时候，你可以领着表弟出去玩。

982. 你不是想去露营吗？为什么不和同学商量一下呢？

让孩子参加或策划感兴趣的集体活动，能够让他们学会与人沟通、合作、协调与分工。

如何教育孩子降低行为风险

983. 你是小组长，给大家分配任务时要考虑他们的能力，否则任务就完不成了。

984. 你打算和小朋友们在家里玩吗？不是不行，不过咱家有点儿小，可能装不下那么多人。

985. 你们都这么小，一起去爬山会不会有点儿危险呢？

986. 天气预报说明天有雨，你要不要把活动延后一下？

987. 去游泳不错，不过我建议你和大家商量以后再做决定。

988. 妈妈不建议你把活动地点定得太远，因为不太安全。

孩子成为领导者时，父母可以提醒他们需要承担哪些风险和后果，有助于他们积累经验。

孩子失败时如何给予肯定和鼓励

989. 你为了这次的活动绞尽脑汁，妈妈觉得你已经尽力了。

990. 你第一次带着弟弟妹妹们出去玩，能这样已经很不错了。

991. 我觉得你的表现还是很不错，很负责任的。

992. 虽然这次活动因为下雨提前结束了，不过小朋友们玩得都很开心。

993. 第一次组织集体活动，出点儿小状况正常，下次就有经验了。

994. 虽然这次活动不太成功，可是大家都没有埋怨你。

组织活动失败，父母要支持和理解孩子，不让他们在失败中丧失信心。

如何鼓励孩子从错误中吸取教训

995. 下次意见不统一时，你可以心平气和地和大家商量。

996. 你让个子矮的同学擦玻璃，他们当然会有点儿不太方便。

997. 这次模型没有做出来，不要灰心，咱们吸取经验就好。

998. 这次去游泳的人少，因为好几个人不会游泳，你下次可以组织别的活动。

999. 妈妈觉得你可以在今后多锻炼一下自己的协调能力。

1000. 可能你不太适应与人合作，没关系，以后还有机会。

父母要帮孩子审视在组织活动中犯的错误，并从中吸取教训，以此为鉴。